愛と欲望のフランス王列伝

八幡和郎
Yawata Kazuo

a pilot of wisdom

JN262680

はじめに——英雄と美女の物語

フランスの歴史に舞台を求めた物語は、『三銃士』など古典的な名作に始まって、『ベルサイユのばら』や『ダ・ヴィンチ・コード』まで、日本でもたいへん人気がある。

なにしろ、ジャンヌ・ダルク、ナポレオン、マリ・アントワネットなど英雄や美女たちの愛と欲望が渦巻くのだから、これほど面白い歴史絵巻はない。

それと同時に、「フランス革命」は民主主義や人権尊重の歩みの中で世界史上最大の事件だし、この国の歴史が生んだ芸術、料理、ファッションは世界で愛されている。

だが、学校の「世界史」では、中世などなじみのない時代を軽く飛ばしてしまうので、流れがぼやけてしまうし、民衆の生活が大事だという流行は、血湧き肉躍る武勲も恋愛も気高く感動的な精神の発露も隅に追いやって、歴史を無味乾燥な分かりにくいものにしてしまった。

本書は、あえてそんな風潮に盾ついて、歴代の王たちの人間くさい列伝を軸にし、現代のセレブたちの愛憎劇まで紹介しながら、フランス史の面白さのエッセンスを存分に楽しみ、一気にフランス通になっていただこうという欲張ったお値打ちの一冊である。

目次

第2章　カール大帝と『ローランの歌』——カロリング朝　49

第3章　吟遊詩人が愛を語り、騎士たちは十字軍へ——カペー朝　73

第6章 ナポレオンがやっぱり偉人である理由 185
――帝政と王政復古朝――

第7章 共和国の支配者とセレブたちの愉しみ 211
――共和政の時代――

プロローグ　ガリアの森の奥深くから物語は始まった

年代	出来事
先史時代	クロマニョン人が現れる（ＢＣ４００００～３００００）。ラスコーの洞窟画が描かれる（ＢＣ１２０００頃）。ケルト人がガリアに移住（ＢＣ１２００頃）。
紀元前	マッサリア（マルセイユ）建設（ＢＣ６００頃）。ケルト人の鉄器文化であるラ・テーヌ文化（ＢＣ５００頃）。ケルト人が部族や城塞をつくる（ＢＣ2世紀後半）。ローマの植民地建設が南仏で始まる（ＢＣ１００頃）。
紀元前後	ウェルキンゲトリクスがアレシアでカエサルに敗れる（ＢＣ52）。ポン・デュ・ガール建設（ＢＣ19）。タキトゥス『ゲルマニア』書かれる（98）。
2～3世紀	都市やウィラが増加する（2世紀）。リヨンでキリスト教徒迫害（１７７）。カラカラ帝が全自由人に市民権を与える（２１２頃）。聖ドニがパリで殉教（２５０頃）。ポストゥムスがガリア帝国の皇帝を名乗る（２６０）。フランク族の侵入（２７５）。
4世紀	ミラノ勅令でキリスト教公認（３１３）。大土地所有進む（4世紀）。ユリアヌス帝がパリで擁立される（３６０）。聖マルチヌスがトゥールに修道院を創立し広汎な布教が進む（３７２）。
5世紀	ガリア行政府がドイツのトリーアからアルルに移転（４０７）。西ゴートがトゥールーズを首都に（４１８）。ブルグント王国がフン族によって滅亡させられる『ニーベルングの指輪』のもとになる出来事（４３６）。サヴォワに第二次ブルグント王国（４４３）。カタラウヌムの戦いで西ローマのアエティウスとゲルマン人がアッティラを破る（４５１）。西ローマ帝国滅亡（４７６）。

クロマニョン人の洞窟からケルト人たちの世界へ

「花の都」といわれるパリの町から少し郊外へ出れば、美しく手入れされた田園風景が見渡す限り広がり、真っ直ぐに伸びた道のはるか先に教会の尖塔《せんとう》が見える。「うまし国」という言葉がこれほどぴったりする国もなく、ここを訪れた人を魅了する。

だが、この美しい風景は、中世になって「フランス王国」という国ができてから、長い年月をかけて創られたものである。それまではといえば、ガリアの深い森が大地を覆っていたのである。

南西部ペリゴール地方のあたりでは、4万年ほど前からクロマニョン人たちがヴェゼール川の断崖に穿《うが》った洞穴に住み始め、ラスコーの洞窟に、世界で初めての芸術作品といわれる洞窟画を遺した（15000年前頃）。

そこへ、現在のアイルランド人やブルターニュ人の先祖であるケルト人が、アジアから移ってきたのは3200年ほど前である。キリスト誕生の少し前には、ローマ帝国の将軍ユリウス・カエサルが遠征してきて『ガリア戦記』に森の民たちの姿を活写した。

オペラが好きな人なら、マリア・カラスの当たり役だったオペラ『ノルマ』（ベルリーニ）を思い出していただきたい。ドルイド教の巫女とローマ帝国の将軍の悲恋物語だが、冒頭で月の光を浴びながらノルマが歌う「清らかな女神《カスタディーヴァ》」の清冽《せいれつ》な空気に、ゴール人（ガリア人）たちの精神が心地よく感じられるだろう。

このゴール人たちがフランス人たちの先祖としてどのくらい重要なのかは、人種学的には微妙なところだが、少なくとも精神的には自分たちのルーツと受け止められている。

かつて、フランスの小学生が使う歴史の教科書は「我が祖先ゴール人は、背が高く金髪で口ひげを蓄えていた。勇敢で、天が頭の上に落ちてくるのでないかということ以外には恐れを知らなかった」という言葉で始まり、それをアフリカにある植民地の先住民にまで暗唱させたほどだ。

カエサルと、ブルゴーニュ地方アレシアで戦ったウェルキンゲトリクスという武人はフランス史でもっとも古い英雄だし、それをモデルにしたアステリックスという主人公が活躍するアニメはフランス人に大人気である。

プロヴァンスの水道橋とゲルマン人の侵入

ローマ人たちはというと森を切り開いて町や村をつくり、巨大な建造物を造り上げた。とくにプロヴァンス地方にはローマ帝国でも有数の都市が成立した。アルルの闘技場やニームの闘技場、神殿も見事だが、49メートルもの高さがある「ポン・デュ・ガール」と呼ばれる水道橋は誰しもが感動する世界遺産のひとつだ。

だが、彼らの最大の遺産はフランス語である。ラテン語の方言として北フランスで話されたオイル語が発展したもので、その名は、現代フランス語の「ウイ（はい）」に相当する語を「オイル」といったことに由来し、同様に「オック」といったことから名づけられた南フランスのオック語と並立していた。

もうひとつの遺産がキリスト教だ。多くの教会が建てられ、村々には聖人の名前がつけられた。とくに、4世紀にローマ帝国の軍人から転向してトゥールの司教となった聖マルチヌスの努力は、ガリアの地をカトリックの金城湯池《きんじょうとうち》とした（余談だが、彼の名に由来する「マルタン」という地名がフランスでは最多である）。

最後の侵入者というべきゲルマン人たちがガリアにやってきたのは、ローマ帝国の衰退と時を同じくしている。広大なローマ帝国を維持するためには膨大な軍隊を必要としたが、ローマ市民たちは軍役を嫌い、代価を払って傭兵《ようへい》を雇うようになった。そのころライン川の東側にいて狩猟や初歩的な農業で暮らしていた「ゲルマン人」と呼ばれる人々は、喜んでこの仕事を引き受けた。彼らは嫌われて侵入してきたのでなく、歓迎されながらライン川のこちら側にやってきたのである。

『ニーベルングの指輪』からフランク王国へ

5世紀になると、『ニーベルングの指輪』など数々の文学作品で扱われる大事件が起きる。アッティラに率いられたフン族の侵入である。この危機に、ローマ人とガリアの人たちは、ゲルマン人とともに立ち向かった。ローマ帝国の将軍アエティウスのもと、のちにパリの聖人となった聖ジュヌヴィエーヴの起こした奇跡のかいもあって、北フランスのカタラウヌムの野でアッティラの軍勢を打ち破った。

それからもしばらく、ローマ帝国の行政機構は機能しつづけた。ゲルマン人たちもそれを尊重しつづけたが、西ローマ帝国は滅びてしまった。東ローマ帝国（ビザンツ帝国）は健在だったし、その皇帝はゴート人の将軍オドアケルや聖ペテロの後継者と称するローマ教会の司教《エヴェック》が秩序維持することを期待したが、やがて都市は荒廃し、新しい支配者が待ち望まれた。

ゲルマン人は部族ごとに団結し、すぐれた秩序維持者であった。彼らは徐々にキリスト教に改宗していった。だが少し困ったことに、「アリウス派」というローマ教会から三位一体についての考え方で異端とされた宗派に帰依していたのである。異端は異教徒より始末が悪かった。一方、フランク族は、いまだ原始宗教を信仰し、ゲルマン人らしい尚武の精神を備えていた。そのなかから「メロヴィング朝」が生まれたのだ。

『ダ・ヴィンチ・コード』で、マグダラのマリアの子孫とされたメロヴィング家

「メロヴィング朝」などといっても、あまり知る人はいなかったのだが、21世紀になって突如、話題にされるようになった。映画にもなった小説『ダ・ヴィンチ・コード』で、メロヴィングの家系が、マグダラのマリアとイエス・キリストの娘でフランスで布教したというサラの血を引き、第一次十字軍《クロワサード》を率いてイェルサレム王国の初代君主になったゴドフロワ・ド・ブイヨンもその子孫であるとされたのだ。そして、イエスの子孫であるメロヴィング家をフランス王に復位させようとするシオン修道会（アリウス派）という組織を、ローマ法皇庁が弾圧しているというのが、この小説の筋書きである。

およそ信じがたい話だが、メロヴィング家についてその先祖が、ギリシャ神話の海の神ポセイドンだとか、マグダラのマリアだとかいった伝説は中世からあったともいう。

現実のフランク族は、ゲルマン民族のなかでもローマ帝国との接触は早いほうではなかっ

た。ライン川下流の北側、だいたいオランダからドイツ北西部あたりに住んでいた部族の連合体だが、長髪がトレードマークの王のもとで、「投げ斧《フランキスカ》」に由来するフランク族という名の民族に徐々にまとまっていった。

彼らがローマ帝国領内に入ったのは、4世紀に背教者ユリアヌス帝から現在のベルギー北西部防衛のために雇われたときである。5世紀になってローマ帝国が退潮になり、正規軍が撤退していくと勢力を広げ、フランク族の一部族サリー部族の王メロヴィクはフン族との戦いでもローマ軍とともに戦った。のちに「メロヴィング朝」と呼ばれることになったのは彼の名を取ったものだ。

その息子キルデリクは、現在のフランス南西部トゥールーズを首都に北方への進出を狙った西ゴート王国に対し、西ローマ帝国の側に立って戦って勝利を収め、ますます勢威を強めた。が、増長がすぎたのか王位を剝奪され、一時、国を離れ、その間にビザンツ帝国の首都コンスタンティノープル（現在のイスタンブール）を訪れたといわれている。

やがて王位に復帰したキルデリクは、481年に死んだ。西ローマ帝国が滅亡して5年後のことであった。彼はその本拠地だったトゥルネ（ベルギー北西部）のローマ軍人の墓地に葬られたまま長いあいだ忘れられていたが、1653年にその墓が発見された。帝国軍人として正装し、フランク族の王であったことを示す副葬品とともに埋葬されていたのである。副葬品のなかで、おびただしいビザンツ帝国の金貨が目を引いた。コンスタンティノープルとの良好な関係をうかがわせるものだ。そのことは、ローマ教会との友好関係の下地にもなっていただろう。なぜなら、偶像崇拝をめぐって東西教会に亀裂が入ったのは8世紀のことで、この時点ではビザンツ帝国もカトリックの一員だったからである。
キルデリクが死んだとき、息子のクロヴィスは15歳だった。
トゥルネ生まれのこの男こそが、フランスの王統譜の冒頭を飾る、日本でいえば神武天皇のような存在になるのである。

コラム ①

フランス史の時代区分と同時代の日本

歴史書によるまとまった記録が出てくるローマ統治時代（ガロ・ローマ時代。日本への弥生人の流入より少し後から始まった）までは、まとめて「先史時代」として扱われる。

西ローマ帝国が滅びたころ（雄略天皇の時代）、ガリアではゲルマン民族がローマ帝国の残党と併存していたが、フランク族のクロヴィスがカトリックに改宗し（仁賢天皇のころ）、フランク王国が生まれた。この王朝を「メロヴィング朝」という。

やがて、ローマ教会は東ローマ皇帝と偶像崇拝の是非で対立し、「カロリング朝」のもとで西ローマ帝国を復活させた（桓武天皇のころ）。

その初代皇帝はシャルルマーニュ（カール大帝）だが、その帝国は、西フランク王国、東フランク王国、中フランク王国の3つに分裂した。この3国が、のちのフランス、ドイツ、イタリアである。

そのうち、西フランク王国では、ノルマン人の侵入を撃退した「カペー家」が王朝を建て国名も「フランス」となった（藤原時代）。そののちの王家はすべてその子孫だが、何度か直系がとだえ分家が相続したので、「ヴァロワ」（鎌倉時代末期）、「ブルボン」（安土桃山時代）といった分家の名前で時代を区切る。

フランス革命（「寛政の改革」のころ）ののちは、「ボナパルト家」による二度の帝政、「ブルボン家」による王政復古、七月革命による「オルレアン家」の時代、それに、第一から第五までの共和政のもとで、時代は分かたれる（第二帝政の崩壊で最終的に共和政が定着したのは明治維新の直後だ）。第二次世界大戦中のヴィシー政府については、現在のフランス政府がこれの合法性を認めていないので、少しややこしい扱いをされている。

あえて日仏どちらが先進国だったかといえば、ローマ帝国の崩壊からカペー朝になるころまでは日本が、そこからブルボン朝の成立までは同水準、日本が鎖国したことでフランスに後れを取って、第二次世界大戦後の高度経済成長で追いついたといったところか。

	先史時代
BC52年頃	ガロ・ローマ時代
496(481)年	メロヴィング朝
751年	カロリング朝
987年	カペー朝
1328年	ヴァロワ朝
1589年	ブルボン朝
1792年	第一共和政
1804年	第一帝政
1814年	王政復古（第一次）
1815年	第一帝政（百日天下）
1815年	王政復古（第二次）
1830年	七月王政
1848年	第二共和政
1852年	第二帝政
1870年	第三共和政
1940年	ヴィシー政府＆自由フランス
1944年	臨時政府
1946年	第四共和政
1958年	第五共和政

第1章

血なまぐさい愛憎劇を繰り広げるゲルマン人の宮廷

——メロヴィング朝——

国王〈在位期間〉	出来事
クロヴィス1世〈481－511〉	ソワソンの戦いでシャグリウスを破る（486）。テューリンゲン族が服属（491）。アラマン人を破ったのを機に洗礼を受ける（496）。ブルグントを破る（500）。西ゴートからアキテーヌを獲得（507）。『サリカ法典』成立（511）。
クロタール1世〈511－561〉	王国を4分割する（511）。ブルグントを併合（534）。王における司教選任の同意権認めさせる（549）。東ローマが東ゴートを滅ぼしイタリアを回復（555）。フランク王国再統一（558）。
キルペリク1世〈561－584〉	再び4王国に分裂（561）。カリベルト王が死んで3王国に（567）。ランゴバルド王国が北イタリアに成立（568）。アウストラシアでシギベルト1世が暗殺される。このころ、トゥールのグレゴリウスが『フランク人の歴史』を著す（575）。キルペリク1世暗殺される（584）。
クロタール2世〈584－629〉	アウストラシアとブルグントが統合（592）。クロタール2世がアウストラシア摂政ブルンヒルドを残虐に処刑し、全土を統一（613）。ムハンマドがメディナに聖遷（622）。
ダゴベルト1世〈629－639〉	サン・ドニ修道院に経済的特権を与える（634）。イェルサレムをサラセン帝国が奪取（638）。
クロヴィス2世〈639－657〉	ネウストリア宮宰にエルキノアルドが就任（641）。アウストラシアでグリモアルドが息子のキルデベルトを王に（656）。
クロタール3世〈657－673〉	母后バルチルドが摂政、エブロインが宮宰に（657）。バルチルドがコルビ修道院を設立する（658）。また、修道院へ特権を多く認める（660）。金貨流通がなくなる（670頃）。グリモアルドが殺害されクロタール3世の弟であるキルデリク2世がアウストラシア王に（662）。
キルデリク2世〈673－675〉	エブロインはテウデリク3世をネウストリア王に擁立するが支持が集まらずアウストラシアのキルデリク王が統一（673）。キルデリク2世暗殺される（675）。

テウデリク3世〈675―691〉	復位。アウストラシアではクロヴィス3世が短期だけ王となるが、アイルランドにいたダゴベルト2世が王に（675）。小説『ダ・ヴィンチ・コード』のもとになったダゴベルト2世暗殺事件。エブロインが中ピピンを破る（679）。エブロイン暗殺（680）。中ピピンが全王国の実権を握る（687）。フリーセン人の制圧を開始（690）。
クロヴィス4世〈691―695〉	このころ中ピピンがフリースラントに盛んに遠征軍を送る。
キルデベルト3世〈695―711〉	中ピピンがアラマン人を攻撃（709）。サラセン帝国が西ゴートを滅ぼしイベリア半島を制圧（711）。
ダゴベルト3世〈711―715〉	中ピピンが死去して後継者争いが起きる（714）。このころ、ボニファティウスがドイツ方面で伝導を行う。
キルペリク2世〈715―721〉	カール・マルテルがヴァンシィの戦いでラガンフリドを退け全土で権力掌握、またサン・ドニ修道院を甥のユーグに与えるなど教会の特権剝奪目立つ（717）。
テウデリク4世〈721―737〉	東ローマで偶像崇拝を禁止（726）。カール・マルテルがバイエルンを討つ（728）。カール・マルテルがトゥール・ポワチエの戦いでサラセン軍を破る（732）。フリースラントを征服（734）。王の死後は空位時代。
キルデリク3世〈743―751〉	兄のカールマンが修道院に入り小ピピンが全権掌握。ボニファティウスが教会会議を開きローマ教会との関係を調整（747）。小ピピン、キルデリク王を退位させる（751）。

＊統一王朝がない時期はネウストリア王について記載（30ページ参照）。

メロヴィング家系図&二王国継承対照表

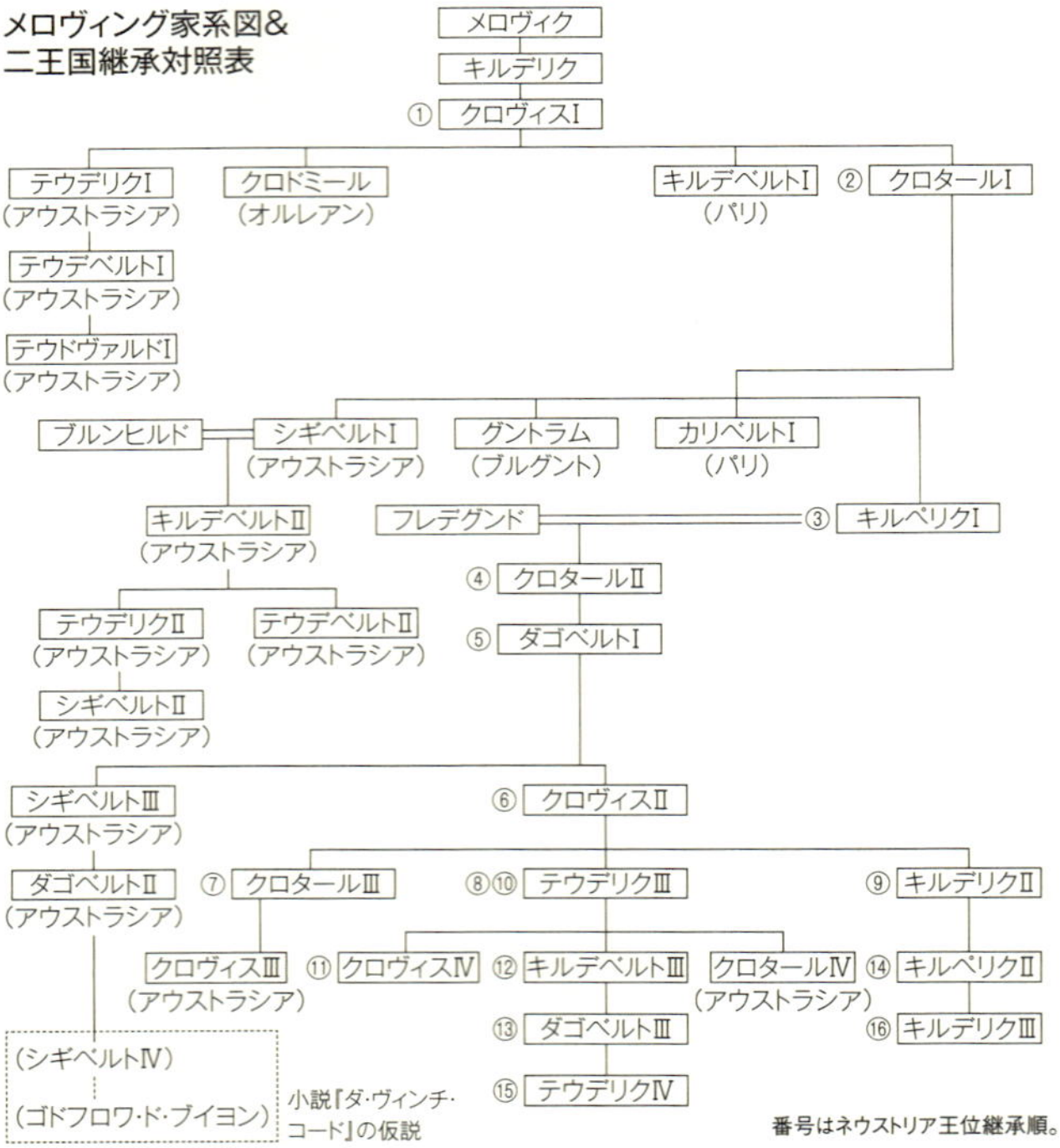

番号はネウストリア王位継承順。

アウストラシア王国	クロヴィスI	テウデリクI	テウデベルトI	テウドヴァルドI	シギベルトI	キルデベルトII	テウデベルトII	テウデリクII	シギベルトII	ダゴベルトI	シギベルトIII	キルデベルトIII		キルデリクII	クロヴィスIII	ダゴベルトII	クロヴィスIV	キルデベルトIII	ダゴベルトIII		クロタールIV		テウデリクIV	キルデリクIII
ネウストリア王国		クロタールI			キルペリクI		クロタールII				クロヴィスII	クロタールIII	テウデリクIII		テウデリクIII					キルペリクII				

現代フランス語では、ダゴベルトはダゴベール、キルペリクはシルペリク、テウデリクはティエリーなどとなる。

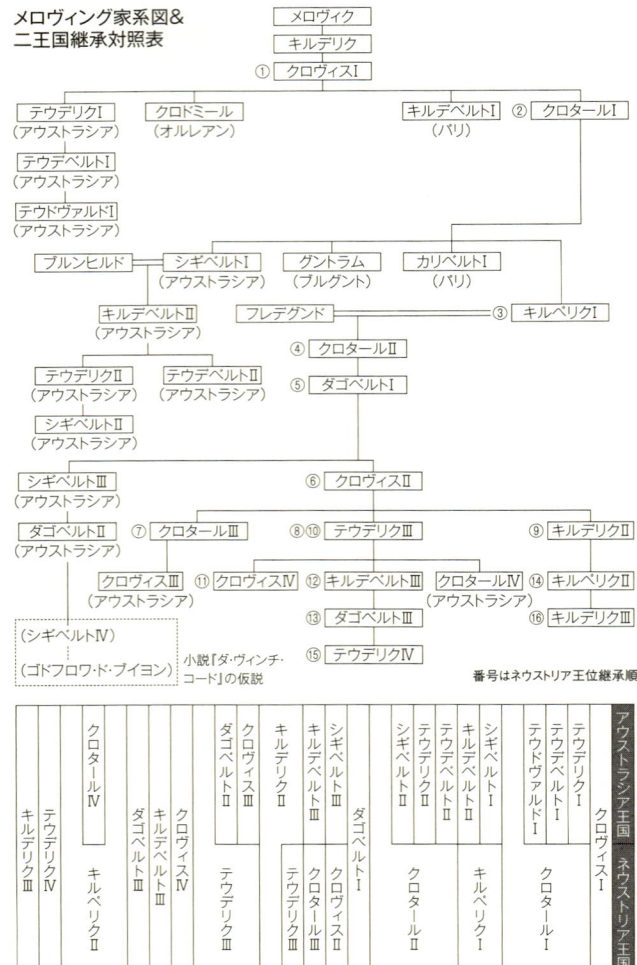

コラム ②

メロヴィング朝地図

①クロヴィス1世継承直前　481年

②クロヴィス1世死亡後の分割　511年

③クロタール1世死亡時の分割　561年

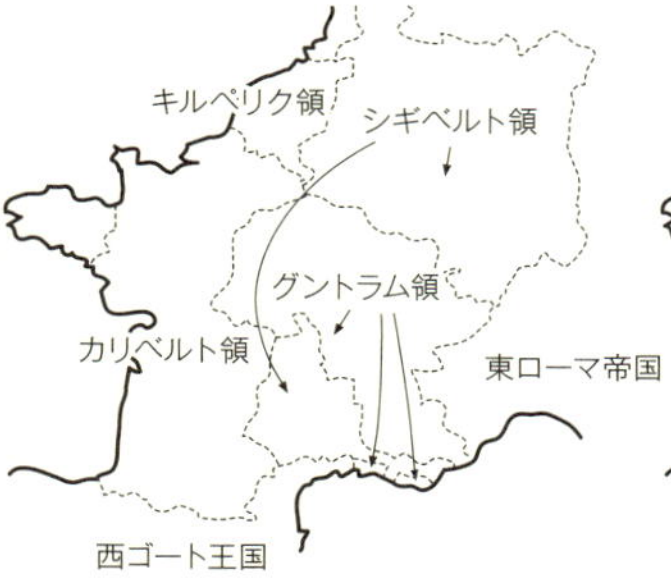

④カール・マルテル宮宰就任直前　714年

①現在のベルギーのトゥルネに生まれたクロヴィス1世は、シャグリウスを倒し、アラマン人を征服してパリに本拠を移した。
②クロヴィス1世の死後、フランク王国は4人の王子に分割して相続された。
③キルペリク1世は、父クロタール1世が死んだとたんに財宝を奪い、ついでパリに進軍したが反撃に遭って、フランク王国は4分割された。
④ネウストリアの王キルペリク2世のもとで統一されたが、各王国の組織は残り、最大実力者はアウストラシアの宮宰カール・マルテルだった。

フランス王統譜ここに始まる

【クロヴィス1世】
Clovis Ier

▼ゲルマン民族とローマ教会を結びつけ、パリを首都とする

誕生 466年
即位 481年（15歳）
死去 511年（45歳）

シャンパーニュ地方ランスの大聖堂《カテドラル》は、クロヴィス1世に始まる歴代フランス王の戴冠式が行われた場所である。オランダでは王宮も政府もハーグにあるが、戴冠式だけはアムステルダムで行われるように、実質的な首都でないところで戴冠式を行う国はけっこう多いのだ。

モーツァルトの『戴冠式協奏曲』は、ドイツ西部フランクフルトで、ハプスブルク家のレオポルト2世が神聖ローマ皇帝となる祝典が行われたときに披露されたものだ。ロシアでは、18世紀にピョートル大帝がサンクトペテルブルクをロシア帝国の首都にしたが、戴冠式だけはモスクワのクレムリンで行われつづけた。日本もそれにならって、大正・昭和両天皇の即位礼は京都御所で行われた。

いつもの行事とは違った場所で、帝王の治世に一度だけその町が脚光を浴びるのだから、お祭りとしての効果満点なのだが、それが国の始まりにまで遡《さかのぼ》る歴史を背負っているとなれば、ありがたみも格別であろう。

クロヴィス1世は、即位から15年がたった496年に司教レミギウスの手で、3000人の

ゲルマン人たちとともにパリの北にあるソワソンで洗礼を受け、カトリック教徒になった。ゲルマン人の王としてはじめてローマ人の信仰を受け入れたわけで、これをもって、「中世ヨーロッパが始まった」あるいは「西ヨーロッパが誕生した」といわれる。

クロヴィスの改宗のきっかけは、ライン川上流に割拠するアラマン人（フランス語でドイツを指す「アルマーニュ」の語源となった）と戦ったとき、王妃クロチルドが神に祈ったことで勝利を収めることができたのに感謝してのことだと、年代記『フランク人の歴史』を書いたトゥールの司教グレゴリウスは記している。だが、この改宗はかなり前からのクロヴィスと教会のやりとりの到達点というのが正しい。

若き王者は、父の代にガリア北部の共同支配者だったローマ軍人アエギディウスの子であるシャグリウスを滅ぼしてロワール川以北を統一した。

このころ、イベリア半島と南西フランスは西ゴート王国、イタリアは東ゴート王国、スイスとその周辺はブルグント王国という、キリスト教でも異端のアリウス派王国に支配されていたが、その領民のほとんどはカトリック教徒で、ローマ教会は網の目のような組織を築いていた。だが国王が異端教徒では、互いに邪魔しない以上の関係は存在し得なかった。

ローマ教会がクロヴィスに期待したのは、共同してキリスト教国家を運営するパートナーとしての役割だった。彼らはクロヴィスに、改宗することがいかに有益であるかを説得した。

王妃であるクロチルドは、ブルグント王国の王女だった。その母はカトリック教徒で、父はアリウス派だったがローマ教会にも好意的な王だった。両親は内紛で殺されていたが、彼女が聡明であると聞いたクロヴィス1世が求婚したのだ。

この結婚にはブルグント王国のなかから邪魔が入ったが、クロチルドはジュネーブから馬を駆けてクロヴィスのもとにたどりつき、妃になった。クロチルドは、婚礼の荷物を奪ったことを口実に母国の領内で略奪をすることを夫に勧めるなど、良き伴侶という以上に有能な政治家として行動した。

彼らに子供が生まれたときには洗礼を受けさせるように夫に要求し、さらに王である夫自身の改宗へ向けて説得することを怠らなかった。ローマ教会が彼女を後押ししたのは当然である。

彼女の叱咤激励を受けて、クロヴィスは満を持して洗礼を受けた。教会の支持を獲得することによって、実質的な西ローマ帝国の継承者となったクロヴィスは、西ゴート王国からトゥールーズやボルドーなどを奪い、東方でも統一前の西ドイツに当たる領域を得た。

ローヌ川の流域やプロヴァンス地方への進出は子供たちの仕事として残されたが、かつてカエサルによって征服されたガリア、そして、現在のフランス領土につながるといってよい領域がひとつの王権にまとめられたのであり、クロヴィス1世をもってフランスの王統譜を始めるのには十分な理由がある。

王者になったクロヴィスは、あらゆる機会をとらえて自分と血がつながるフランク族の王者たちを抹殺にかかった。子をそそのかして父を殺させ、こんどは、その子も父殺しを理由に征伐した。そのやり口はまことに残忍で、それがゆえに、クロヴィス1世はフランス史で崇敬されても愛されない王者だ。だが、王者としての資格をもつ競争相手の抹殺は王国の統一を確かなものとし、フランク王国の安定性を著しく向上させた。非情であることは、ときとして王者にとって不可欠な「徳」なのである。

クロヴィスは、パリに宮廷を構えた。パリは「ルテチア」と呼ばれるローマ帝国の都市で、いまもそのころの浴場《テルム》や闘技場《アレーナ》の跡が残るが、それほど重要な都市ではなかった。だが、この町は、フン族の侵入があったとき屈することがないように人々を鼓舞した聖ジュヌヴィエーヴを守護神としていた。聖ジュヌヴィエーヴに対して持っていたガリアの人々の崇敬を考慮すれば、まことに賢明な選択だった。

王宮はシテ島の西の端を占め、修復を繰り返しながら存続し、現在は最高裁判所として使われている。マリ・アントワネットがギロチンにかけられる前夜を過ごした牢獄があった「コンシェルジュリー」もこの中にある。

そしてクロヴィス1世が511年に死んだとき、墓は聖ジュヌヴィエーヴに捧げられた教会のそばにつくられた。この教会は、フランス革命で理性を祀《まつ》る神殿となり、現在では、作家ヴィクトル・ユゴーら国家的な功労者を祀る記念館となって「パンテオン」と呼ばれている。ソルボンヌ大学に隣接し、巨大なドームはカルチエ・ラタン（パリ第5区）を象徴する建物としてそびえ、遠くからでも見える。ただ、肝心のクロヴィス1世の墓は何世紀も前から考古学者たちが調査を繰り返しているが、いまだ発見されないでいる。

解説 ○トゥールの司教グレゴリウス（539～594）が著した『フランク人の歴史』『フランク王国史』『10巻の歴史』などと呼ばれる著作は、中世における卓越した史書として知られている。ただし、いくつもの著作をまとめたものであり、原題は存在しない。

クロヴィス1世家族 父キルデリク（ゲルマン系のフランク族サリー部族の王）、母バジーヌ（テューリンゲン族の王女）、妻クロチルド（ブルグント族の王キルペリクの娘）など、子テウデリク1世（アウストラシア王）、クロドミール（オルレアン王）、キルデベルト1世（パリ王）、クロタール1世（ネウストリア王）など。

長い髪が権力者の必須条件

【クロタール1世】

Clotaire Ier

▼4人の兄弟に分割された王国を東奔西走して再統一した

誕生 497年
即位 511年（14歳）
死去 561年（64歳）

＊同時期のアウストラシア王にテウデリク1世（511〜534年）、テウデベルト1世（534〜548年）、テウドヴァルド1世（548〜555年）、オルレアン王にクロドミール（511〜524年）、パリ王にキルデベルト1世（511〜558年）がいる。

いかにクロヴィス1世が非情な王であり、クロチルドが賢明な王妃であったとしても、フランク族の慣習を無視して王国をひとりだけの王者に引き継がせることはできなかった。とくに、クロヴィス1世にはクロチルドと結婚する以前にもうけたテウデリクという長男がいたので、これを排除できず、フランク王国は4人の兄弟で分割された（23ページ地図参照）。

このあたりから、フランス革命まで、相続に伴う複雑な分裂と統合や領土の変遷の話が続いて混乱されるかも知れないが、そこのところを簡略化するとヨーロッパ史を正しく理解できないのであえて詳しく書いた。系図などを見ながら理解するように試みてほしい。

さて、4分割ののち、まず、オルレアン王のクロドミールがブルグント王国と交戦中に戦死したので、領地を横取りしようとしたネウストリア（ソワソン）王のクロタール1世は、3人の遺児に剣と鋏《はさみ》を贈って自殺するか出家するかを迫った。彼らのうちふたりが自決し（彼らの祖母であるクロチルドに選択を迫り、髪を切るより殺された方がましだといわせて殺したともいう）、残るひとりは髪を切った。当時は長い髪が王者の象徴だったので、それを切ることは、王としての権利を放棄することを意味していた。ランス（アウストラシア）王のテウデリク1世の家系も孫の世代で絶えた。最後に、パリのキルデベルト1世が子のないまま死んだ。こうして、クロタールのもとでクロヴィス1世のフランク王国は再統一された。

この時期、ブルグント族は激しく抵抗していたが、534年に滅ぼした。イタリアの東ゴート王国をビザンツ帝国のユスティニアヌス帝の要請で討ち、プロヴァンス地方を割譲させた。ドイツのテューリンゲン族やザクセン族を討ち、南西フランスの西ゴート族をピレネ山脈の向こうに追いやった。

こうして、広大な領土を得たが、支配が安定しているわけでなく、クロタールは常に国内を巡幸してまわらなくてはならなかった。晩年には息子のクラムに反抗され、ブルターニュで息子の妻子ともども小屋に閉じ込めて焼き殺したが、これを悔い、トゥールの聖マルタン（聖マルチヌス）の墓に参詣するなどして贖罪《しょくざい》を願いつつ命を終えた。

こののちも、フランク王国は分裂と統合を繰り返していくのだが、本書では流れを理解しやすくするために、ソワソンなど北フランスの中心部を占めるネウストリア王家の系譜を軸に物語を語っていくことにする。フランス北東部ランスやメッスを中心としたアウストラシアも同じように重要なのだが、最終的には、アウストラシアの実力者であるカロリング家が、ネウストリア王家を名目上の王として担いで統一国家にしていったので、その意味でもこちらを中心に観察していったほうが分かりやすいからである。

さらに、日本人に理解しやすいように、メロヴィング時代を日本の南北朝時代になぞらえて、ネウストリアを「南朝」、アウストラシアを「北朝」というようにとらえてみた。フランスで南北朝などという表現があるわけでないことを承知の上で、そういう表現も交えることにする。

クロタール1世家族 父クロヴィス1世、母クロチルド、妻①インゴンド、②アルネゴンドなど、子クラム、シギベルト1世（アウストラシア王）、グントラム（ブルグント王）、カリベルト1世（パリ王）、キルペリク1世（ネウストリア王）など。

解説 ○メロヴィング朝の王者たちは、宮廷の侍女や女奴隷を手当たり次第に側室とし、あるいは王妃とした。離婚も比較的に自由だったし、嫡出子でなければ王位を継承できないという原則も曖昧だった。○王国の分割は相続のたびに境界が変化し、数字の辻褄合わせのために「飛び地」も多く存在した。○南北でなく、東西ととらえるほうがいいのではないかという意見もあろうが、日本人には南北のほうが言葉として馴染みが深いので南北朝と呼ぶことにする。

ブルンヒルド王妃への復讐劇

【キルペリク1世】
Chilpéric Ier

▼兄の妻である美しき王妃に懸想してその姉と結婚するが不美人なので殺す

誕生	523年
即位	561年（38歳）
死去	584年（61歳）

【クロタール2世】
Clotaire II

▼奸計で王妃になった女の息子が考えた母のための復讐劇

誕生	584年
即位	584年（0歳）
死去	629年（45歳）

＊同時期のアウストラシア（北朝）王にシギベルト1世（561〜575年）、キルデベルト2世（575〜596年）、テウデベルト2世（596〜612年）、テウデリク2世（612〜613年）、シギベルト2世（613年）、ブルグント王にグントラム、パリ王にカリベルト1世がいる。

ネウストリア（南朝）王キルペリク1世と王妃フレデグンドの息子であるクロタール2世は、母が生前にライバルとして激しく争ったアウストラシア（北朝）王妃ブルンヒルドに凄惨な復讐をした。罵《ののし》り晒《さら》しものにし、手足を縛って馬の尾につないで引きまわして惨殺し、死体を焼いてその灰を野にまいたのだ。グロテスクな逸話の多いメロヴィング朝でも極めつけの恐ろしい話である。

話は戻るが、クロタール1世が死んだあと、フランク王国は子供たちに4分割され分裂時代に入った。そのあいだに王国を統一した王はいないのだが、ネウストリア（南朝）王キルペリク1世の息子クロタール2世が半世紀のちに統一を果たしたので、この時代をキルペリク1世とクロタール2世の時代として語ることにしよう（23ページ地図参照）。

キルペリクは、兄の北朝の王シギベルトの妻ブルンヒルド（ブリュヌオー）王妃が才色兼備なのを見てうらやんだ。彼女は西ゴート王国の王女で、ガルスヴィントという姉がいた。それを知ったキルペリクは、ボルドーやリモージュなど多くの土地を彼女の私領としてもいいという破格の条件を提示してガルスヴィントとの結婚にこぎつけた。だが、彼女は年齢も30を超えていたし、美しくもなかった。

落胆したキルペリクはガルスヴィントを殺してしまったので、怒ったのは妹のブルンヒルドである。夫であるシギベルトをけしかけてあわや南北戦争かということになったが、ガルスヴィントの遺領をブルンヒルドに譲ることでいったん決着した。

ところが、ブルンヒルドは絶対に許そうとしなかったので、ついに南北戦争が始まり、南朝のキルペリクは追い詰められた。

ここで登場するのがキルペリクの後妻であるフレデグンド王妃で、刺客を雇い、シギベルトを暗殺することに成功した。そのときシギベルトは、南朝の王位をも兼ねることとなり、大盾《サヴワ》の上に乗って兵士たちに担ぎ上げられるという即位の儀式を行っている最中だった。

形勢逆転で兵士たちは逃げだし、北朝のシギベルトの遺児であるキルデベルト2世はなんとか脱出に成功したが、母后ブルンヒルドは捕虜となってしまった。

ところが、ここでまた、どんでん返しが起きた。なんと、南朝のキルペリクと侍女との子メロヴィクが北朝のブルンヒルドに懸想し結婚してしまったのである。この混乱のなかで、ブルンヒルドはアウストラシアに帰国し、メロヴィグは継母フレデグンドの刺客に殺され、父で南朝の王であるキルペリクも暗殺された（不倫が発覚したフレデグンドが刺客を放ったともいう）。

こうして、アウストラシア（北朝）のブルンヒルドの天下になった。その子のキルデベルト2世は伯父グントラムからブルグントまでも譲られ、ほとんどフランク王国再統一の勢いだった。ところが、キルデベルト2世は26歳で死んでしまい、遺されたふたりの幼児たちが祖母ブルンヒルドの後見で別々に治めることになった。

ここで焦ったブルンヒルドは、性急に独裁体制を敷こうとしたり、孫や曾孫たちを放蕩に走らせて政務への関心を持たないようにし向けたので、貴族たちの反発を買った。これを見て、南朝のキルペリクとフレデグンドの遺児でルーアン周辺（ノルマンディ地方。ネウストリアの一部）に押し込められていたクロタール2世が襲いかかり、ついに捕虜となった北朝のブルンヒルドは惨殺されてしまったというわけである。

この大逆転で、ネウストリア（南朝）王だったキルペリクの系統によってフランク王国の統一が復活したのである。

キルペリク1世家族　父クロタール1世、母アルネゴンド、妻①ガルスヴィント（西ゴート王女）、②アウトヴェラ（フレデグンドを侍女としていたがその奸計で修道院に送られ、しかも、十数年のちにフレデグンドによって殺される）、③フレデグンドなど、子クロタール2世など。

クロタール2世家族　父キルペリク1世、母フレデグンド、妻ベルトルードなど、子ダゴベルト1世、カリベルト2世（アキテーヌ王）など。

解説　○パリ王だったカリベルト1世の妃テオデギルドは、王の死後、ブルグント王グントラムと再婚しようと求婚したが、騙されて財宝だけ奪われ修道院に入れられた。領土はくじ引きで3人の弟に分割された。○グントラム死後にブルグントは、養子とされたアウストラシア王のキルデベルト2世に与えられ、両国は合邦。○キルデベルト2世の死後はテウデベルト2世がアウストラシアを、テウデリク2世がブルグントを譲られた。テウデベルト2世の死後はテウデリク2世が両国の王となった。○南西部アキテーヌ地方は、最初はカリベルト1世に与えられたが、彼の死でネウストリアに併合され、ピレネ山脈に近いバスク地方への進出も進んだ。

善良な王ダゴベルト

【ダゴベルト1世】
Dagobert Ier

▼サン・ドニ修道院を整備するなど北フランスをキリスト教王国に

誕生	604年
即位	629年（25歳）
死去	639年（35歳）

『お人好しの王様ダゴベール』というフランスの童謡は、革命時代になって、人はよいが凡庸なルイ16世を風刺するため、中世の王であるダゴベルト（ダゴベール）1世に名前を置き換えて作られたものだ。

ダゴベルトは、北フランスをキリスト教王国とするためにパリのサン・ドニ修道院を整備し広大な領地を与えるなど功績があった。そんなことから、昔から人気がある王であったので、名前が拝借されたというわけだ。

クロタール2世から息子のダゴベルトにかけてが、メロヴィング朝の中興期である。この成功は、彼らがネウストリア（南朝）出身にもかかわらず、アウストラシア（北朝）や、ブルグントの自治も尊重してバランスを巧妙にとったことによるものだ。

ダゴベルトは、若いころから父クロタール2世によってアウストラシアの統治者として送り込まれていた。それを補佐した宮宰《メール・デュ・パレ》（鎌倉幕府の執権のようなもの）が大ピピン（ピピン1世）だが、ダゴベルトは彼がネウストリアに干渉することは認めなかった。

ダゴベルト1世の遺体はサン・ドニに埋葬され、以後、王家の墓所としてほとんどのフランク王国とフランスの国王がここを永遠の眠りの場所とするようになった。英国のウエストミンスター寺院に相当する。フランス革命の混乱のなかで墓は暴かれ、遺骸の数々は共同溝に棄てられたが、正装した遺骸を等身大で再現した「ジザン」と呼ばれる見事な彫刻が残る。

ダゴベルト1世家族 父クロタール2世、母ベルトルード、妻①ナンティルド、②ラグネトリュード―など、子クロヴィス2世（ネウストリア王・ブルグント王）、シギベルト3世（アウストラシア王）など。

『ダ・ヴィンチ・コード』の真相は

【クロヴィス2世】 Clovis II
▼フランス南北朝時代。『ダ・ヴィンチ・コード』の元になった暗殺事件が

誕生	即位	死去
632年?	639年(7歳)	657年(25歳)

【クロタール3世】 Clotaire III
▼英国人女奴隷が王妃になって奴隷を解放し聖人になる

誕生	即位	死去
652年	657年(5歳)	673年(21歳)

【キルデリク2世】 Childéric II
▼南朝から北朝の養子に出た王子が南朝の王も兼ねることに

誕生	即位	死去
653年	673年(20歳)	675年(22歳)

*673年の短期間、のちのテウデリク3世が王位にあったがいったん廃位。同時期のアウストラシア王は、シギベルト3世（639年)、キルデベルト3世（656年)、キルデリク2世（673年)。

メロヴィング朝からカロリング朝へと移っていく道のりは、過ぎ去った歴史を振り返って見るならば、ダゴベルト1世のときからすでに始まっていたといえる。だが、現実の過程はそれほど単純なものでなかった。なにしろ、宮宰出身の小ピピン（ピピン3世）がカロリング家で最初のフランク国王となるまでには、ダゴベルト1世の死から1世紀以上の年月と数世代の葛藤が必要だったのである。

ダゴベルト1世の死後、ネウストリア（南朝）とブルグントが次男クロヴィス2世に、アウストラシア（北朝）が長男シギベルト3世に分け与えられたことから、またもや、南北朝の対

立になった。

やがて北朝で、ピピン家（のちのカロリング家）が宮宰の世襲化に成功した。そして、そのピピン家が、統一フランク国王になった南朝を傀儡《かいらい》として操る時代があり、ついには、最後の国王を修道院に放り込んで自らが王位を簒奪《さんだつ》したのだが、それはだいぶあとのことだ。

ここでは、まず、第二次南北朝時代というべきクロヴィス2世とその子供たちの二世代を概観してみることにする。

メロヴィング朝時代には、王は多くの子を遺したが短命だった。これは、少年時代から多くの女性たちと交渉を持ちすぎ、健康を害してのことだといわれる。女性たちは江戸時代の大奥さながらに王を誘惑し、王子が幼くして王になれば母后が実権を取った。

ネウストリア（南朝）では、アングロサクソン系奴隷のバルチルドがクロヴィス2世の妻となり、夫の死後も権力を振るった。彼女の子供がクロタール3世、キルデリク2世、テウデリク3世である。だが、長男クロタール3世が21歳で死んだあと、宮宰エブロインが三男のテウデリク3世を立てた。これに反発した貴族たちはアウストラシア（北朝）王の養子として王位についていた次男のキルデリク2世に南朝の王も兼ねさせたが、反撃にあって妊娠中の王妃とともに暗殺され、再びテウデリク3世と宮宰エブロインが復帰した。

一方、アウストラシア（北朝）では、シギベルト3世に子がなかったので、宮宰の大グリモアルドが自分の息子を養子として送り込んだが、シギベルト3世に実子（のちのダゴベルト2世）が生まれた。そこで大グリモアルドは、これをアイルランドの修道院に幽閉して、自分の子をキルデベルト3世として即位させた（グリモアルドの妻とシギベルト3世の子ともいう）。

だが、この強引さは支持を得られず、キルデベルトは父グリモアルドともども殺されて、南朝のクロタール3世の弟であるキルデリク2世が北朝のシギベルト3世の王女と結婚して北朝の新しい王として迎えられた。そのキルデリク2世はやがて実家の南朝の王も兼ねたが暗殺されたことはすでに書いた。そのあと、南朝のクロタール3世の遺児で5歳のクロヴィス3世を北朝の王としたものの支持が集まらず、この幼子は修道院に送られたらしいが、その後の消息は不明である。

このあたりになると、ネウストリア（南朝）でいうと次節のテウデリク3世の時代だが、そのまま北朝の王位を巡る話を続けると、北朝の王座に就いたのは、アイルランドの修道院から戻ったダゴベルト2世だった。が、これも、わずか3年で暗殺されてしまった。

『ダ・ヴィンチ・コード』では、この暗殺事件にヒントを得て、その背景にアリウス派とローマ教会の対立をからめ、ダゴベルト2世の子が実は生き延びて……、という話になっている。

小説では、ダゴベルト2世が、西ゴート国王の姪でマグダラのマリアの血を引くジゼル・ド・ラゼと、レンヌ・ル・シャトー村で結婚し、子供（シギベルト4世）が生まれたとする。ローマ法皇庁は、イエスの子孫の登場でイエス・キリストの人間性を認めるアリウス派が勢いづくことを心配し、宮宰の中ピピン（ピピン2世）に命じてダゴベルト2世とその一族を殺させたのだが、実は子供は生き延びてその子孫から第一次十字軍の英雄ゴドフロワ・ド・ブイヨンが出て、現代にも血統は続いているというのである。さらに、十字軍時代に聖地守護を目的に創設されながらフランス王権と争って指導者たちが火炙《ひあぶ》りにされて滅亡したテンプル騎士団《オルドル》（96ページ参照）にまつわる謎もからめ、ストーリーが発展していく。

ダゴベルト2世暗殺事件ののちに、ネウストリア（南朝）の宮宰エブロインは、メロヴィング家ただひとりの生き残りとなったテウデリク3世のもとでのフランク王国の再統一を狙い、ランの戦いで中ピピンらが率いる北朝軍を破った。

だが、その直後に暗殺され、絶体絶命の危機から中ピピンがはい上がってくるのである。

クロヴィス2世家族 父ダゴベルト1世、母ナンチルド、妻バルチルド（アングロサクソン系奴隷出身）、子クロタール3世、キルデリク2世、テウデリク3世など。

クロタール3世家族　父クロヴィス2世、母バルチルド、妻不明、子クロヴィス3世。

キルデリク2世家族　父クロヴィス2世、母バルチルド、妻ビリキルド（シギベルト3世の娘。夫とともに暗殺される）、子キルペリク2世など。

解説　○クロヴィス2世の妃となったバルチルドは、慈善事業を興し、奴隷売買を禁じ、多くの修道院を建てたことから聖女として列聖されている。ただ、宮宰エルキノアルド家の奴隷という出自であり、その強い影響下にあったので、ほかの貴族の反感を招き、成人した息子のクロタール3世と新しい宮宰エブロインによってシェルの修道院に追放幽閉された。

宮宰ピピン家の台頭

【テウデリク3世】Thierry III
▼北朝の実力者ピピンが南朝も支配するようになる

誕生	即位	死去
654年	675年（21歳）	691年（37歳）

【クロヴィス4世】Clovis IV
▼9歳で即位し13歳で死んだ少年王

誕生	即位	死去
682年	691年（9歳）	695年（13歳）

【キルデベルト3世】Childebert III
▼サラセン帝国がジブラルタル海峡を渡りスペインに上陸する

誕生	即位	死去
683年	695年（12歳）	711年（28歳）

＊同時期のアウストラシア（北朝）王に、クロヴィス3世（676年）、ダゴベルト2世（676～679年）がいるが、クロヴィス3世の即位を認めない人も多い。

カロリング家（ピピン家）の発祥は、ＥＵ（欧州連合）条約の締結地として知られるオランダ南部のマーストリヒト周辺とされてきたが、近年ではベルギーのブリュッセルに近いブラバント地方で、そののちにマーストリヒト地方に進出したのではないかといわれている。いずれにしても、EU条約がカロリング家ゆかりの地で締結されたのは、その歴史を意識してのことだったのだろう。

出身地の名を冠して「ヘルシュタルのピピン」と呼ばれる中ピピン（ピピン2世）は、アウストラシア（北朝）の宮宰大ピピン（ピピン1世）の娘ベッガと、その夫アンゼギゼル（メッス大司教アルヌルフの息子。このころは、俗人が大司教などになることが多かった）を両親としている。中ピピンは、叔父大グリモアルドの実子キルデベルトによる北朝王位簒奪が失敗したのち、ピピン家を継いだ。

もともとテウデリク3世はネウストリア（南朝）の宮宰エブロインに擁立された。しかし、エブロインが暗殺されてしまい、その混乱に乗じて息を吹き返した中ピピンが、フランク王国全土を掌握することに成功した。だが、中ピピンは賢くも、性急に集権化しようとせず、それぞれの王者の元へ宮宰を送り込み、主導権を間接的に確保していくに留めた。

テウデリク3世は37歳で死に、そののち、彼の遺児であるクロヴィス4世とキルデベルト3世のふたりが相次いで統一王座に就いたが、もはや、中ピピンに操られるだけだった。

クロヴィス4世は、9歳で王座に就いたが、13歳までしか生きられなかった。キルデベルト3世はその弟で、16年間在位した。この時代には、中ピピンがライン川河口のフリーセン人を抑えるべく遠征したが、これは、北海につながる交易ルートを押さえる大きな意味があった。
一方、このころ、北アフリカではサラセン帝国が怒濤の勢いで進出し、7世紀末にはカルタゴに迫り、キルデベルト3世の没年711年にはついにジブラルタル海峡を渡った。トゥール・ポワチエの戦いまで、あと21年である。

テウデリク3世家族 父クロヴィス2世、母バルチルド、妻クロデキルド（アンゼギゼルとベッガの娘。中ピピンの妹）、子クロヴィス4世、キルデベルト3世、クロタール4世。

クロヴィス4世家族 父テウデリク3世、母クロデキルド。

キルデベルト3世家族 父テウデリク3世、母クロデキルド（異説あり）、妻不明、子ダゴベルト3世。

解説 ○このころになると、国王は傀儡化し、家族関係も不明なことが多い。何人かの王については、メロヴィング家の血を本当に引くのかすら確かでない。

サラセン帝国の欧州進出阻止

【ダゴベルト3世】
Dagobert III

▼中ピピンが死亡し、宮宰家の跡目争いで大混乱が起きる

誕生 699年
即位 711年（12歳）
死去 715年（16歳）

【キルペリク2世】
Chilpéric II

▼宮宰カール・マルテルが国全体の実権を完全掌握に成功する

誕生 670年？
即位 715年（45歳）
死去 721年（51歳）

【テウデリク4世】
Thierry IV

▼トゥール・ポワチエの戦いでサラセン帝国軍を撃破し、西欧は救われる

誕生 713年？
即位 721年（8歳）
死去 737年（24歳）

【キルデリク3世】
Childéric III

▼メロヴィング朝最後の王は狩猟中の事故で無惨にも死に王朝滅亡

誕生 714年
即位 743年（29歳）
退位 751年（37歳）
死去 755年（41歳）

＊717～719年、クロタール4世がアウストラシア（北朝）王となる。

スペインという国は、フランク王国にルーツを持つフランスやドイツ、イタリアと違って、サラセン帝国に滅ぼされた西ゴート王国の残党が建てた国である。西ゴート王国の首都は、はじめ南西フランスのトゥールーズだったが、フランク族に追われて、のちに画家エル・グレコが暮らしたことでも知られるスペインのトレドに移った。

この西ゴート王国の北アフリカでの防御拠点が、いまのスペイン領のセウタだった。ところが、ここを守っていた総督フリアン伯の娘フロリンダを、その美しさに目がくらんだ西ゴート

王国のロドリーゴ王が犯してしまった。この屈辱に怒ったフリアン伯がイスラムに寝返ったことがきっかけで、サラセン帝国軍はジブラルタル海峡を越えて上陸し、あっという間に、イベリア半島のほぼ全域がイスラム化されてしまった。

サラセン軍は718年にピレネ山脈を越えたが、なんとかアキテーヌ公ウードらがトゥールーズで食い止めた。だが、730年になってサラセン軍は再び北上し、ボルドーを占領した。

これを見て、宮宰カール・マルテルはフランス中央部のトゥールに布陣し、アブドゥル・ラーマン率いるサラセン軍はポワチエに進出して睨み合った。8日後にサラセン軍の先制で開戦したが、カール・マルテルは密集陣で騎馬隊を防いでこの戦いに勝利し、西ヨーロッパはイスラム教支配に屈することなく救われたのである。

このカール・マルテルは、宮宰中ピピン（ピピン2世）の庶子だったのですぐには後継者になれなかった。

中ピピンが死んだとき、嫡出の男子はいずれも先立っていたので、未亡人のプレクトルードは、自分の孫たちを宮宰に立てたが難しい事態には力不足だった。

しかも、統一フランク国王であったダゴベルト3世が16歳で死んで混乱が深まった。

ネウストリア（南朝）では宮宰ラガンフリドが、キルデリク2世の遺児で修道院に入れられていたキルペリク2世を王に立てた。アウストラシア（北朝）では、カール・マルテルがようやく宮宰となり、ダゴベルト3世の叔父に当たるクロタール4世を王として立て、南朝と戦って破った。

南朝のキルペリク2世はアキテーヌ公ウードを頼って亡命した。ところが、北朝のクロタール4世が死んでしまったので、カール・マルテルは、ウードと話し合って、キルペリク2世をフランク王国全体の王として迎えた。ここに、アウストラシア（北朝）のピピン家（のちのカロリング家）が宮宰としてネウストリア（南朝）出身の国王を支えるという体制が完成し、この体制のもとでサラセン軍の襲来を撃退したのである。

キルペリク2世が死んだあと、宮宰カール・マルテルは、ダゴベルト3世の遺児で幽閉されていたテウデリク4世を国王としたが名目的なものに留まり、その死後は、数年間も王座を空のままにしておいた。そののち、カール・マルテルの息子で跡を継いだ小ピピン（ピピン3世）は、キルペリク2世の遺児であるキルデリク3世を王座に就けたが、やがて、自らがフランク国王として取って代わり、ここにメロヴィング朝は終焉を迎えた。

日本で天平文化の華が咲き誇り、大仏開眼供養が行われる前年の出来事だ（751年）。

ダゴベルト3世家族　父キルデベルト3世、母不明、妻不明、子テウデリク4世。

キルペリク2世家族　父キルデリク2世、母ビリキルド、妻不明、子キルデリク3世。

テウデリク4世家族　父ダゴベルト3世、母不明。

キルデリク3世家族　父キルペリク2世、母不明、妻ジゼル?、子チエリー?

解説　○スペインでは全土がイスラム化したのではなく、西ゴート王国の生き残りの騎士たちが北部の山岳地帯で踏みとどまり、いくつもの小王国を建てて辛抱強く反攻に取り組んだ。これがレコンキスタ(国土回復)で、1492年にフェルナンド王とイザベル女王の夫妻がグラナダを回復したことで完成した。ポルトガルによる大航海時代の開幕も、イスラム教徒をアフリカに追っていったレコンキスタの延長線上にあった。○宮宰カール・マルテルのマルテルは「金槌」という意味で、金槌を振るうように敵を倒したというので名づけられた。

コラム 3 パリの変遷

ローマ時代には、セーヌ左岸に広がる現在のカルチエ・ラタンおよびシテ島が市域だった。クロヴィスの王宮はシテ島にあり、その両岸に多くの教会が建てられた。

最初の城壁はフィリップ2世によるもので、それを百年戦争のころにシャルル5世、そののちルイ13世がセーヌ右岸（北側）だけを拡張した。18世紀に凱旋門あたりまで含む徴税請負人の壁、19世紀に現在は環状高速道路《ペリフェリック》になっているチエールの城壁ができた。右岸ではルーヴル宮殿の東側部分がフィリップ2世によって城壁の一部として建てられた砦であるが、その後の拡張されたルイ13世時代のものが、グラン・ブールヴァールと呼ばれる街路として知られ、そこに歓楽街で有名なサン・ドニ門などもある。地名で「フォーブル」というのは、この城壁の内か外かで決まる。一方、左岸ではフィリップ2世の城壁が長く市域を画し、「フォーブル」の名は、その時の城壁の外を示す。

第2章

カール大帝と『ローランの歌』

――カロリング朝――

国王〈在位期間〉	出来事
ピピン（小ピピン）〈751―768〉	セプティマニアを征服（752）。教皇から塗油を受ける（754）。ランゴバルドを討ちラヴェンナなどを「ピピンの寄進」とする。コルドバに後ウマイヤ朝成立（756）。
シャルルマーニュ〈768―814〉	カールマンと共同統治（768）。ランゴバルドを征服し王を兼ねる（773）。スペインに遠征しスペイン辺境伯領を設置（778）。アルクィンによる文芸復興（782）。ザクセン人の首領ヴィドキントがカトリックに改宗（785）。アッバース朝全盛（786）。アヴァール人を撃退しバイエルンを征服（788）。アーヘンの宮廷建設（794）。ブルターニュを制圧（799）。教皇レオ3世による戴冠（800）。東ローマ帝国による皇帝位の承認（812）。
ルイ1世〈814―840〉	帝国3分割令を発布（817）。第四子シャルル生まれ混乱始まる（823）。シャルルにも領土を分割。教会が七親等以内の結婚を禁止（829）。長子ロタールが反乱を起こし一時はルイを廃位（830）。ロタール失脚しルイが復位（834）。アキテーヌ王ピピン死去により分割案が振り出しに（838）。
シャルル2世〈843―877〉	ヴェルダン条約で帝国3分割。仏独伊の原型ができる（843）。ロベール・ル・フォールがアンジェ・トゥール伯に（852）。メールセン条約でロレーヌを東西に分割（870）。英国でアルフレッド大王即位（871）。イタリア王国と皇帝位を獲得（875）。
ルイ2世〈877―879〉	皇帝になったシャルルはアーヘンを占領するなどするが甥ルイ・ルジューヌに破れるなど苦境に立つなかで死去し、ルイ2世が継承。イタリア王位と皇帝位はカール肥満王へ。
カールマン2世〈879―884〉	ルイ3世と前半（879～882）は共同統治。カールマンが南部、ルイ3世が北部を支配。最古のフランス語作品のひとつ『聖女ユーラリアの頌歌』成立（880頃）。このころ、ヴァイキングの襲来盛ん。ウードがパリ伯に（882頃）。
カール3世〈885―887〉	のちのシャルル3世が幼少のため皇帝カールを王とする。ヴァイキングがパリ包囲を開始。ウードとサン・ドニ修道院長ゴズランが死守（885）。カールの買収とサンリス略奪容認でヴァイキング撤退。カール失脚しアルヌルフが東フランク王に（887）。

ウード1世〈888―898〉	カール3世死去。ウードが西フランク王に推戴されコンピエーニュで聖別。後日、ランスでも(888)。フルク大司教がシャルル3世に戴冠してウードと対立(893)。ウードとシャルルの間で和平締結(897)。
シャルル3世〈898―923〉	ウードの弟ロベール「侯」に(898)。ヴァイキング定住(900頃)。アキテーヌ公ギヨームがクリュニー修道院を寄進(910)。サン・クレール・シュル・エプト条約でノルマンディ公国成立。シャルルがロレーヌ王を兼ねる。東フランクでカロリング朝断絶(911)。ノルマンディ公ロロがカトリックに(912)。ドイツでハインリヒ1世のザクセン朝(919)。
ロベール1世〈922―923〉	シャルルはブルゴーニュに撤退し、ロベールがサンス大司教ゴーティエにより戴冠(922)。ソワソンでロベールが戦死するが、戦いには勝利(923)。
ラウル〈923―936〉	ロベールの娘婿ラウルが王に。シャルル3世はヴェルマンドワ伯エルベールによりシャトー・ティエリに投獄。ヴェルマンドワ伯家はシャルルマーニュの庶子でイタリア王だったピピンの子孫(923)。エルベールの子で6歳のユーグがランス大司教に(925)。シャルル3世がペロンヌで獄死(929)。このころ、のちにプランタジネット家となるアンジュー伯が成立(932)。
ルイ4世〈936―954〉	シャルル3世の子で英国に亡命していたルイ渡海王が即位。ドイツではオットー1世即位(936)。ユーグ・ル・グランとヴェルマンドワ伯が進攻してきたオットー1世に服従(940)。ロレーヌなどの譲渡を条件にオットー帝と和解。ノルマンディで長剣公暗殺。リシャール1世が襲封(942)。ルーアンでルイがヴァイキングに捕縛され、解放されるがブロワ伯の監視下に(945)。ユーグ・ル・グランとルイ4世の和解(953)。
ロテール〈954―986〉	ユーグ・ル・グラン没し、ユーグ・カペーが襲封(956)。オットー1世、神聖ローマ帝国皇帝に(962)。ロテール王エクス・ラ・シャペルに侵攻。オットー2世反撃しパリに迫る(978)。オットーと和解しロレーヌ獲得を断念(980)。オットー2世の死に伴い、オットー3世とバイエルン王ハインリヒが争う。ロテール王はハインリヒにつくが、ランスのアダルベロン大司教はオットーを支持。
ルイ5世〈986―987〉	コンピエーニュにランスのアダルベロン糾弾の会合を招集するが、その前日、狩猟中に事故死(987)。

カロリング家系図

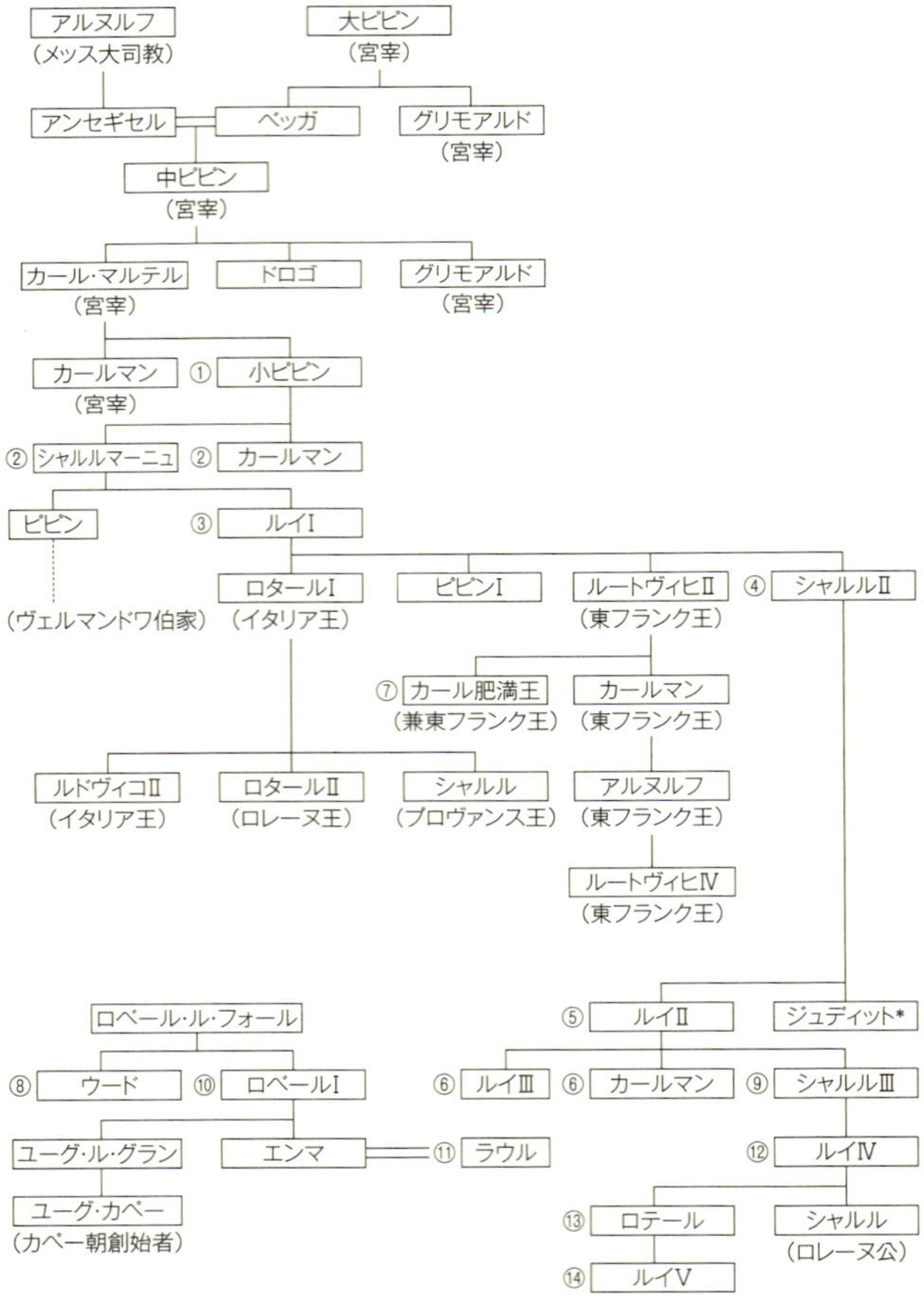

番号は西フランク王としての即位順。*子孫がフィリップ2世妃となる。

コラム④

カロリング朝時代の帝国3分割（843年）とその後

ルイ1世（敬虔王、ルートヴィヒ1世）の後妻でシャルル2世（禿頭王、カール2世）の母ジュディット

はすぐれた政治力の持ち主で、長男ロタール1世の宗主権を認めたくない同母弟ルートヴィヒ2世の思惑も利用して、シャルル2世に有利なかたちの3分割とすることへ話を誘導していった。

ルイ1世の死後には、シャルル2世とルートヴィヒ2世が手を組む図式でのフォントノワの戦いとストラスブールの盟約を経て、ヴェルダン条約が結ばれた。ロタール1世はイタリアと仏独中間地域に加え、形式的に皇帝の称号を得たが、宗主権は認められなかった。

しかも、ロタール1世の領地は、その子供たちである、ルドヴィコ（A）、シャルル（B・C）、ロタール2世（D、ロレーヌの語源のロタリンギアは彼の名によっている）に分割される。シャルルの死後、ブルグント（B）はロタール2世、プロヴァンス（C）はルドヴィコが継ぐ。さらにロタール2世の死後ロタリンギアは、マース川を境に東フランク王国（のちのドイツ）と西フランク王国（のちのフランス）に分割されたが、ライン川という自然国境を得られなかったことがフランスにとって、のちのちまで頭痛の種になっていく。

ルドヴィコが嫡出男子がないまま死んだあとは、西フランク王のシャルル禿頭王（カール2世）、ついで東フランク王のルートヴィヒ2世の息子カール3世（肥満王）が皇帝兼中イタリア王（中フランク王）としてプロヴァンス地方を得るが、その後、アルル・ブルグント王国として独立し、紆余曲折ののち、神聖ローマ帝国内のプロヴァンス伯領となった（その後の経緯は95ページの「解説」参照）。

敬虔さより教会守護者としての実力

【ピピン】（小ピピン）
Pépin le Bref

▼ローマ教皇に王朝交代を認めさせて、カロリング朝を開いた

誕生 715年?
即位 751年（36歳）
死去 768年（53歳）

「カロリング朝」という呼び名は、2代目の王であるシャルルマーニュ（カール大帝）にちなんだものだ。たしかに、シャルルマーニュが46年も王でありつづけ、皇帝にまでなったのだから、この王朝の代表選手であることは間違いないことなのだが、その枠組みをつくったのは、父のピピン（小ピピン＝ピピン3世）である。

　この王の名は、「ピピンの寄進」という言葉で、世界史を学ぶ高校生にも知られている。イタリアの歴史において重要なキーワードであり、現在のヴァチカン市国にまでつながる「教皇領《エタ・ポンティフィコ》」という考え方の始まりである。

　小ピピンが寄進したのは、イタリア中北部でアドリア海に近いラヴェンナとその周辺である。ラヴェンナは西ローマ帝国が滅びたときの首都であり、ビザンツ帝国のユスティニアヌス帝が帝国を再統一したときに総督府を置き、イエス・キリストの肖像を描いた有名なモザイク画もここの教会にある。北方ゲルマン系のランゴバルド王国が占領していたのを取り戻して、ビザンツ皇帝でなく、ローマ教皇《パーパ》に献上したというわけである。

このころ、地球規模で大きな転機が訪れていた。ビザンツ帝国における偶像禁止令はローマ教会との対立を深刻なものとしていた。サラセン帝国では、ウマイヤ朝がアッバース朝に倒されたが、残党がスペインのコルドバで後ウマイヤ朝を建国している。中国では安禄山の乱が起きて唐の全盛期が終わり、日本では奈良の大仏が建造されたころである。

教皇領の寄進は、こうした世界的な転換期に行われ、フランク族とローマ教皇の提携関係が築かれていった。さらに、小ピピンは教会に対する「10分の1税」の制度を創ったが、これは、メロヴィング朝時代に肥大した修道院財産を、宮宰であった父カール・マルテルが接収した見返りだった。

メロヴィング朝は、キリスト教を国教にし、真摯な信仰を広め、莫大な財産を教会に与えてくれた。だが、教会の守護者としては、いささか頼りなかった。カロリング朝は、その期待を担って登場したのである。

カール・マルテルの死後、異母弟グリフォの粛清と兄カールマンの修道院隠遁《いんとん》で権力を集中させた小ピピンは、腹心であるマインツ大司教のボニファティウスをローマ教皇ザカリアスのもとに使者として送った。「王の名ありて実なき者と、実ありて名なき者と、いずれが真の王たるべきか」と問わせて、「実権ある者に王の名を与えるべし」との答を引き出した。

そして、ソワソンで開かれた諸侯・聖職者を集めた会議で、キルデリク3世の廃位とピピンの王への推戴が決まった（ピピンの「3世」というのは王としてではなくカロリング家当主としてのもの）。ボニファティウスは教皇の代理として、ピピンと妃である「大足のベルト」にも塗油式を行った。さらに、新教皇ステファヌス2世をサン・ドニに迎えて教皇自身による塗油を施され、ピピンと息子たちはローマ貴族に叙してもらったのである。

ピピン（小ピピン）家族 父カール・マルテル（フランク王国宮宰）、母ロトルード・ド・トレーヴ、妻ベルトラード・ド・ラン（大足のベルト。ラン伯カリベルトの娘）、子シャルルマーニュ（カール大帝）、カールマン1世など。

解説 ○ビザンツ帝国という呼び名は、コンスタンティノープルの古称であるビザンティウムにちなんで後世の人が呼んだもの。

カール大帝と西ローマ帝国復活

【シャルルマーニュ】（カール大帝）
Charlemagne

▼ランゴバルド王国を討ち、ローマ教皇より皇帝の帝冠を授かる

誕生	742年
即位	768年（26歳）
死去	814年（71歳）

【カールマン1世】
Carloman Ier

▼兄弟で共同王となるが、謎の死を遂げる

誕生	751年
即位	768年（17歳）
死去	771年（20歳）

＊カールマン1世が一時期、共同王（768〜771年）。

「シャルルマーニュ」というのがフランス語の名前だが、「カール大帝」という呼び名が日本では一般的である。「皇帝」の称号がのちにドイツを中心とした神聖ローマ帝国に引き継がれたことや、その宮廷が現在はドイツ領内になっているエクス・ラ・シャペル（アーヘン）に営まれたことが理由なのだろう。

エクス・ラ・シャペルは、現在のドイツ、オランダ、ベルギーの3国の国境が交差する地点にある。温泉が出ることから、ローマ時代から軍隊が冬を過ごすに向いた場所として知られていた。そこに王宮が建てられたのは、ドイツ方面のキリスト教化が進んでフランク王国の重心が東に移ったことを反映していた。

「中世建築」と言ったとき、誰しもが頭に浮かべるのは、ロマネスク様式やゴシック様式の大聖堂だが、それらは、西暦1000年よりあとのものである。それ以前のメロヴィング朝やカロリング朝の建築は、質朴で華麗さに欠けることから、残っていたとしても根本的な改変を免れていない。だが、この「アーヘンのドーム」と呼ばれるビザンツ風の八角聖堂は原形を保持し、シャルルマーニュが使った玉座もここで見ることができる。というのは、神聖ローマ帝国になっても、フランクフルトにその地位を奪われる1562年までは、ここで戴冠式が行われたので、シャルルマーニュ時代の姿がよく保存されたのだ。

ピピンの領土は、シャルルマーニュと弟のカールマン1世というふたりの息子に分け与えられたが、弟はその後わずか3年で死んだのでシャルルマーニュがすべての領土を相続した。

シャルルマーニュは、北イタリアのランゴバルド王国を攻めて、自分でこの国の王を兼ねることにした。そののち、教皇レオ3世が教皇就任をめぐるいざこざからシャルルマーニュの宮廷に保護を求める事件などを経て、800年のクリスマス、教皇はサン・ピエトロ寺院でシャルルマーニュを皇帝として帝冠を授けたのである。

だが、教皇が帝冠を授ける立場かどうかは当時としても疑問であり、しかも、ビザンツ皇帝の了承のないままでは僭称《せんしょう》と受け取られる可能性もあった。

そこでシャルルマーニュは、ビザンツ帝国の女帝イレーネと結婚しようとするなど、さまざまな工作をしたあげく12年後になって、ヴェネチアなどの帝国への返還と交換に皇帝位をコンスタンティノープルから承認された。

こうして、西ヨーロッパ全体の盟主としての地位を得たが、その一方で、ローマ教皇によって皇帝として認められることが条件のようになり、教皇権の強化に手を貸したことにもなった。

シャルルマーニュは、ドイツ東部ザクセンやスペイン方面への遠征も行った。ザクセンでは、宇宙を支えるという彼らの神木イルミンズールを切り倒して強引に改宗を強制した。だが、スペインではイスラム教徒を攻めるのに失敗し、帰国途上のピレネ山脈ロンスヴォー渓谷ではバスク人に殿軍が襲われて大損害を出した。これが脚色されて叙事詩『ローランの歌《シャンソン・ド・ローラン》』ではイスラム教徒の攻撃をうけたことになっている。

アルクィンはイングランドのヨークで教えていた神学者だが、シャルルマーニュに招聘《しょうへい》されて「カロリング・ルネサンス」と呼ばれる文芸復興を実現した。ヨーロッパ各地に学校が設立され、混乱していたアルファベット字体の統一なども行われた。シャルルマーニュ自身は自分の名さえ書けなかったが、ラテン語やギリシャ語を学び、聖人アウグスティヌスの著作を朗読させて聞くのを楽しみにした。

シャルルマーニュの成功が、かくも大きいものとなった理由の大きな部分は、その強靭な肉体である。小柄だった父と違って身長は1メートル90センチを超え、水泳を得意とした。満71歳まで生き、半世紀近くも王座にあった。

シャルルマーニュ（カール大帝）家族　父ピピン（小ピピン）、母ベルトラード・ド・ラン、妻①デジレ・ド・ロンバルド（ランゴバルド王女）、②イルデガルド・ド・ヴィンツゴー（ドイツ南西部シュヴアーベン出身。４人の王子の母）など、子ボスーのピピン（反乱を起こして修道院に追われる）、シャルル、イタリアのピピン（ランゴバルド王。その子孫がヴェルマンドワ家としてカペー朝でも存続した）、ルイ1世など。

カールマン1世家族 父ピピン（小ピピン）、母ベルトラード・ド・ラン、妻ジェルヴェルジュ、子ピピン、シャグリウス（修道院に入れられたか）。

解説 ○ランゴバルド王国にはキリストが磔にされたときに使われたという釘を組み込んだ「鉄の王冠」があり、シャルルマーニュをはじめ、ナポレオンなど、ロンバルディア地方を征服した英雄たちはいずれもこの王冠で戴冠式を行っている。○シャルルマーニュは806年に分国令を出して、シャルルにフランク王国（北フランスからドイツ）を与え、ピピンにランゴバルド王国（北イタリアからオーストリア）、ルイ1世にアキテーヌ地方（南フランスとスペイン北東部）を分け与えることにしていた。もし、この相続が実現していたらフランスという国は成立しなかったかも知れない。○シャルルマーニュは20人もの子供があったが、娘たちには結婚させなかったことから、さまざまな憶測を呼んだ。

ヴェルダン条約と仏独伊の始まり

【ルイ1世】（敬虔王《ル・ピユウ》）
Louis Ier

▼兄たちの早世で帝国を単独相続するが息子たちへの分配で大騒動

誕生 778年
即位 814年（36歳）
死去 840年（62歳）

【シャルル2世】（カール2世。禿頭王《ル・ショーヴ》）
Charles II

▼ヴェルダン条約で帝国は分割され、仏独伊の原型が形作られる

誕生 823年
即位 843年（20歳）
死去 877年（54歳）

父シャルルマーニュが死んだときに、ルイ1世（敬虔王）が父の帝国をそのまま相続できた

のは、ふたりの兄が、父に先立って死んでいたからである。

ルイ1世は、父シャルルマーニュがスペイン遠征を行った途中に、フランス中部のポワチエで生まれた。兄たちの死まではアキテーヌ地方を治めるべくその地方の習慣で育てられたから、南西フランス人といっていいだろう。

ルイ1世は兄たちの死によって、エクス・ラ・シャペル（アーヘン）の宮廷と帝国全体を引き継いだ。彼自身はフランク族の慣習に反する単独相続を恒例化することに気乗りしなかったものの、一方で、教会を守護するためには帝国の絆を維持することにも配慮した。ルイ1世は817年の帝国遺贈令で、嫡男ロタール1世を皇帝とし、残りのふたりの息子ピピンとルートヴィヒ2世にはそれぞれアキテーヌとバイエルンを与え、帝権に従属すべきことを命じた。

だがこののち、ルイ1世はジュディットという女性と再婚し、シャルル2世（カール2世。禿頭王）が生まれた。ジュディットは、他人の意見に左右されやすい夫を操って、息子シャルルのために領土を確保した。ルイ1世の死後、ヴェルダン条約が843年に結ばれ、早く死んでしまったアキテーヌ王ピピンを除く兄弟3人による分割が決まった。このとき、シャルル禿頭王が得たのが西フランク王国、のちのフランス王国である（シャルル禿頭王は晩年に西ローマ皇帝とランゴバルド王も兼ねた）。

ルイ1世家族 父シャルルマーニュ（カール大帝）、母イルデガルド・ド・ヴィンツゴー、妻①エルマンガルド・ド・エスベ、②ジュディット・ド・バヴィエール（バイエルンのヴェルフ1世伯の娘）など、子ロタール1世（イタリア王）、ピピン1世、ルートヴィヒ2世（東フランク王）、シャルル2世（西フランク王、皇帝カール2世）。

シャルル2世家族 父ルイ1世、母ジュディット・ド・バヴィエール、妻①エルマントルード・ドルレアン（オルレアン伯ウードの娘）、②リシルド・ダルデンヌ（プロヴァンス王ボゾンの姉妹）、子ルイ2世、ジュディット（アルフレッド大王の父であるエセックス王エゼルウルフ妃だったが、その死後にその息子エゼルバルドの妃に。さらに、フランドル伯ボードゥアン夫人。3回目の結婚で、その子孫がフィリップ2世の王妃となってカロリング家の血筋がカペー家に入る）。

解説 〇シャルル2世の髪の毛は豊かだったらしく、どうして「禿頭王」といわれるかには諸説あるが、確かなことは不明である。

パリを蛮族から守った英雄

【ルイ2世】
Louis II

▼病弱だったというが何度も結婚し、3人の息子が王に

誕生	即位	死去
846年	877年（30歳）	879年（32歳）

【ルイ3世】
Louis III

▼兄弟で共同統治するが狩猟中の事故で死んでしまう

誕生	即位	死去
863年?	879年（16歳）	882年（19歳）

【カールマン2世】
Carloman II

▼兄の死後に単独で西フランク王となるが早世する

誕生	即位	死去
866年	879年（13歳）	884年（18歳）

【カール3世】（肥満王《ル・グロ》）
Charles III

▼東西フランク王を兼ねるがノルマン人の侵入に無力

誕生 839年
即位 885年（45歳）
退位 887年（48歳）
死去 888年（49歳）

シャルル禿頭王のあと、西フランク王はその子のルイ2世に引き継がれたが、帝位とランゴバルド王（イタリア王）は、東フランク王ルートヴィヒ2世の子カール3世（肥満王）が継いだ。

ルイ2世が2年だけの在位で死んだあとの西フランク王国は、彼のふたりの息子ルイ3世とカールマン2世が共同統治した。だが、ルイ3世は3年後に狩猟中の事故が原因でサン・ドニで死亡し、カールマン2世が単独で王となった。

さらに、その後2年にしてカールマン2世も死去し、とりあえずカール肥満王が西フランク王まで兼ねて、ヴェルダン条約以来のフランク王国の分裂はかたちの上では解消されたのである。

このころの平均寿命は短く、成人しても若くして死ぬことが多かった。しかも、ひどく若いころに子供をつくった。シャルル禿頭王は54歳まで生きたが、それより23歳若いルイ2世が32歳で死に、その17歳のときの子供のルイ3世が19歳で世を去った。メロヴィング朝時代と同様に少年時代から放蕩の限りを尽くす王族が多かったことをうかがわせるが、これでは、王として十分な仕事は望むべくもない。

ノルマン人（ヴァイキング）の侵入が続く難しい時期だったので、カール肥満王には統一フランク王として大きな期待がかかった。が、カール肥満王はヴァイキングの勢いを止められそうもないと見て、莫大な貢ぎ物をして機嫌を取ったり、サンリスあたりまでの略奪をそこそこ許容して懐柔することに終始した。しかも、パリがヴァイキングに包囲されたときには、イタリアに遠征していた。

そのうちに、東フランク王国で庶出の甥であるアルヌルフが反乱を起こしたので鎮圧に向かったドイツ南西部ドナウ川上流の町ノイディンゲンで死去した。カール3世のあとはアルヌルフが東フランク王となった。

イタリアでは、イタリア王（中フランク王）にロタール1世の嫡男ルドヴィコ、次に西フランク王や東フランク王の支配のあと、ルイ1世（敬虔王）の娘婿であるベレンガリオ1世がなり、皇帝にロタール1世の女系の曾孫であるグィドが就任した。こののち、イタリア王と皇帝は、962年に神聖ローマ帝国が成立するまで、ロタール1世の子孫が占めるべきものという意識をある程度は残しつつも、あちこちの家系によって担われることになる。

そして西フランク王国では、のちのカペー王朝につながるウード1世が王座に就くのである。

ルイ2世家族 父シャルル2世、母エルマントルード・ドルレアン、妻①アンスガルド・ド・ブルゴーニュ（ルイ3世とカールマン2世の母）、②アデライド・ド・フリウル（フリウル伯の娘）など、子ルイ3世、カールマン2世、シャルル3世など。

ルイ3世家族 父ルイ2世、母アンスガルド・ド・ブルゴーニュ。

カールマン2世家族 父ルイ2世、母アンスガルド・ド・ブルゴーニュ。

カール3世家族 父ルートヴィヒ2世（東フランク王）、母エンマ・ド・バヴィエール（ウェルフ1世伯の娘）、妻リシャルド・ド・スアーブ（宮廷伯エシャルジェの娘）。

解説 ○プロヴァンスとブルグントもカール3世の帝国に属していたが、その死後は、北ブルグントはバイエルン出身のウェルフ家に引き継がれた。南ブルグント（ジュネーブ付近）とプロヴァンスは、カール肥満王の側近でロタール1世の長男の娘を妻としたボゾンが王となった。そののち、紆余曲折はあるが、両ブルグントは統一されたのちに、1032年にブルグント王家出身のギゼラを母に持つ神聖ローマ皇帝ハインリヒ2世のもとに吸収された。プロヴァンスについては、95ページの「解説」参照。

ノルマンディ公国の誕生

【ウード1世】
Eudes Ier

▼ロベール家（のちのカペー家）で初めて王に選ばれる

誕生	865年?
即位	888年（23歳）
死去	898年（33歳）

【シャルル3世】（単純王《ル・サンプル》）
Charles III

▼ノルマンディ公国を設立してノルマン人と共存に成功する

誕生	879年
即位	898年（19歳）
退位	923年（43歳）
死去	929年（50歳）

【ロベール1世】
Robert Ier

▼ウード王の弟だが、カロリング家との戦闘で戦死する

誕生	866年?
即位	922年（56歳）
死去	923年（57歳）

ヨーロッパの各地を荒らしまわっていたヴァイキングがパリを襲ったのは、885年11月のことだった。

ヴァイキングがどうして西ヨーロッパ全域を支配する勢いを見せたかは、気候変動とか人口過剰など諸説ある。だが、きっかけがどうであれ、機動力の高い船で戦闘意欲が旺盛な兵士たちを運び、西半球各地から新しい情報と技術を集めた彼らが、高度な文明から孤立していた西ヨーロッパの諸民族より強く、成功したのは当然だった。

フランスに彼らがやってきたときに、カール肥満王は役に立たなかったことはすでに書いたが、王に代わってパリ防衛の先頭に立ったのが、ウード（のちのウード王）だった。その祖先は

ライン川中流域のフランクフルトから遠くない地方にいた。その一族のロベール・ル・フォールは、ロワール川中流でアンジュー伯や僧院の俗人院長などの地位を手に入れて地盤を築いた。

父ロベール・ル・フォールは20年前にヴァイキングとの戦いで戦死していたが、ウードは司教ゴズランとともに人々を鼓舞し、自ら弓で敵の大軍を押しとどめ、さらに、パリを抜け出して援軍を求め、ともかくも守りきった。一方、カール肥満王の威信は地に墜ちた。

カール肥満王が死んだとき、カロリング家を継ぐべきだったのは、ルイ2世の死の年に生まれたシャルル（のちのシャルル3世。単純王）だったが、まだ10歳にもなっていなかった。そこでウードが王に推戴されたのだが、シャルルが成長してくると、シャルルを王とすべきだという意見も強まった。両派で争いが起き、ランスの司教はシャルルを聖別し、東フランク王アルヌルフもシャルルを支持したが、ウード1世はセーヌ川以北の支配を譲ったりして妥協しつつも王であることをやめなかった。

シャルル3世を「単純王」というが、この単純《サンプル》という言葉は、日本語で「謙虚な人ですよ」といった場合に似たニュアンスで悪口ではない。シャルル単純王は、ヴァイキングの指導者ロロとサン・クレール・シュル・エプト条約を結び、長女ジゼルを降嫁させ、ノルマンディ公国を創設して与える代わりに、臣下となることで妥協を成立させた。このノルマンディ家がのちに英国を征服して現王室の先祖となる。

こうして、西フランク王国では、封建領主が成長し、王権は急速に弱体化していった。ウード1世の弟であるロベール1世は、シャルル単純王と王位を争うことはせずに臣従してきたが、王がラオンのアガノンという人物を重用したことから対立し、貴族たちに推されて西フランク王として戴冠し、その勢いを駆ってソワソン近郊でシャルル単純王の軍勢と戦った。この戦闘でロベール1世は討ち死にしたが、息子のユーグ・ル・グランが父の遺骸を兵士たちに見せて弔い合戦を訴え、士気を鼓舞するのに成功して勝利をものにした。

ウード1世家族 父アンジュー伯ロベール・ル・フォール、母不明、妻テオデラード・ド・トロワ（トロワ伯アルランの孫）、子アキテーヌ公ラウルなど。

シャルル3世家族 父ルイ2世、母アンスガルド・ド・ブルゴーニュやアデライド・ド・フリウルなど諸説ある、妻①フレデリューヌ（シャロンの司教ボヴォの姉妹）、②エドヴィジュ・ド・エセックス（エセックス王エドワード長兄王の娘）、子ルイ4世など。

ロベール1世家族 父アンジュー伯ロベール・ル・フォール、母アデライード・ダルザス?、妻①アデル・ド・メーヌ、②ベアトリス・ド・ヴェルマンドワ、子アデル（ヴェルマンドワ伯エルベール2世夫人）、エンマ（西フランク王ラウルの妃）、ユーグ・ル・グラン（ユーグ・カペーの父）など。

解説 ○このころ、東フランクでカロリング朝が途絶したのに乗じて、シャルル3世はロレーヌ地方を併合した。だが、バイエルン北部のフランケン公コンラート1世、ついで、エルベ川の上・中流域のザクセン公ハインリヒ1世（捕鳥王）がドイツ王となり、ロレーヌ地方は取り戻され、ドイツ王国は神聖ローマ帝国へと変遷していく。なお、ドイツ王が皇帝を兼ねることが普通だったが、皇帝戴冠に至らなかったドイツ王も多い。

カロリング家最後の戦い

王	事績	誕生	即位	死去
【ラウル】 Raoul	▼ロベール家の娘婿で世代交代期に王を引き受ける	890年?	923年（33歳）	936年（46歳）
【ルイ4世】（渡海王《ドゥートゥルメール》） Louis IV	▼イングランド育ちの王で、ユーグ・ル・グランと争う	931年?	936年（5歳）	954年（23歳）
【ロテール】 Lothaire	▼神聖ローマ帝国皇帝が西フランク王国にも干渉	941年	954年（13歳）	986年（45歳）
【ルイ5世】（怠惰王《ル・フェネアン》） Louis V	▼サンリスの森で狩猟中に事故死し、カロリング朝が終わる	967年	986年（19歳）	987年（20歳）

戦いに勝ったものの王であるロベール1世を失った封建諸侯たちは、その娘婿のブルゴーニュ公ラウルを王に推挙した。その父リシャールは、プロヴァンス王ボゾンの兄弟らしく、初代

のブルゴーニュ公だった。

一方、シャルル単純王は廃位され、北フランスのピカルディ地方ペロンヌ城に幽閉されて6年後に死んだが、その妃で英国出身のエドヴィジュは、王太子（ルイ4世）を連れて亡命した。このルイ4世はラウルの死後にロベール1世の子ユーグ・ル・グランに呼び戻されて英仏海峡のブーローニュの海岸に上陸し、王に推挙された。帰国子女だというので「渡海王」と称された。

ルイ4世の実質的な支配地域は、ラン（ラオン）周辺のみで弱体のままだったので、ロレーヌ地方を神聖ローマ皇帝オットー大帝と争ったが成功しなかった。一方、ユーグ・ル・グランは、自身は王となることを望まず、キング・メーカーに徹したが、義兄のラウル王の遺産も相続してますます豊かになった。ルイ4世が自立を図ることを好まず、オットー大帝と結んだ時期もあったが、953年に和解した。しかし、間もなく、この両者は相次いで死去した。

ルイ渡海王のあと、その子ロテールが王座に就くと、はじめは、オットー大帝の末弟であるケルン大司教ブルーノ1世が後見した。この辣腕《らつわん》政治家は、ユーグ・カペーを抑制し、配下にあったブロワ伯ウードやアンジュー伯フルクが領地をかすめ取ることを容認した。

だが、ロテールは、従兄弟である神聖ローマ皇帝オットー2世とロレーヌ地方をめぐって争ったり、エクス・ラ・シャペル（アーヘン）を攻撃して帝国との関係を悪化させ、逆襲されてパリ近郊まで攻め込まれたりした。そんななかでも、ユーグ・カペーは王に忠実に従って信望を獲得した。

カロリング朝最後の王であるルイ5世（怠惰王）は、ロテール王の子であるが、在位1年にしてユーグ・カペーの領内であるサンリスの森で狩猟中、落馬して脇腹を強打し、内臓が破裂し、口や鼻から夥《おびただ》しい出血をして凄惨な死を迎えてしまった。このことで、イタリア、ドイツについでフランスでも、シャルルマーニュの血統が王位から脱落してしまった。

カロリング朝が没落した最大の原因は、王位継承についての原則が法的にも慣習的にも確立できなかったことだ。また、有力貴族が私領を持つ封建制が進むなかで、王家自身が直轄領をあまり持たなかったことも不利に働いた。日本でいえば、天領に当たるものが少なかった室町幕府のようなものだ。

このころ、ちょうど、日本では藤原氏による摂関政治が全盛を迎えつつあった。『源氏物語』が書かれるわずか10年ほど前である。

ラウル家族 父ブルゴーニュ公リシャール、母アデライード、妻エンマ・ド・フランス（ロベール1世の娘）。

ルイ4世家族 父シャルル3世、母エドヴィジュ・ド・エセックス、妻ジェルベルジュ・ド・サックス（ドイツ王ハインリヒ1世の娘。神聖ローマ皇帝オットー大帝の妹）、子ロテール、シャルル（ロレーヌ公。伝説上のブリュッセルの創設者）、マティルド（両ブルグント王妃。ロベール2世妃ベルトの母）など。

ロテール家族 父ルイ4世、母ジェルベルジュ・ド・サックス、妻エンマ・ディタリー（イタリア王ロタリオ2世の娘）、子ルイ5世。

ルイ5世家族 父ロテール、母エンマ・ディタリー、妻アデライード・ダンジュー（アンジュー伯フルク2世の娘）。

解説 ○ドイツ王ハインリヒ1世の子には、神聖ローマ皇帝オットー大帝、ケルン大司教ブルーノ1世、ルイ4世の妃にしてロテール王の母であるジェルベルジュ、ユーグ・ル・グランの妻でユーグ・カペーの母であるヘドウィッヒがいる。つまり、ロテール王、ユーグ・カペー、それにオットー2世は従兄弟同士である。ブルーノ1世は聖俗両方面で地位を得て、ロレーヌ公を兼ねた。ケルンを、ヨーロッパを代表する都市のひとつに発展させた恩人。○エセックス王エドワード長兄王は、アルフレッド大王の子。娘たちがオットー大帝、シャルル3世、ユーグ・ル・グランの妻になった。○フランス北部のよく似た名前の三都市はしばしば混同される。ランスと表記されるのが、シャンパーニュ地方にあってフランス王の戴冠式が行われるカテドラルのあるReimsと、カレーの近くの炭鉱都市で2012年に第二ルーヴル美術館が開館するLens。一方、カロリング家の本拠地だったピカルディ地方のラン(ラオン)はLaonだ。ちなみに、ライン川のフランス語読みもラン（Rhin）だ。

第3章　吟遊詩人が愛を語り、騎士たちは十字軍へ

——カペー朝——

国王〈在位期間〉	出来事
ユーグ〈987—996〉	ノワイヨンで聖別。息子のロベールもオルレアンで聖別（87）。カロリング家の生き残りロレーヌ公シャルルの反乱（88）。キエフ大公がギリシャ正教に（89）。ロレーヌ公シャルルが王に引き渡される。ローマ教皇シルヴェステル2世となるジェルベールがランス大司教に（91）。アンジュー伯フルクが石造りの城を築く（92）。
ロベール2世〈996—1031〉	近親婚を非難されベルト王妃と離縁（03）。ローマでベルトとの復縁を要請するも拒否される（10）。教会の人物彫刻始まる（19）。モン・サン・ミシェル修道院の建設始まる（24）。
アンリ1世〈1031—1060〉	聖職売買と妻帯を禁止（31）。弟ロベールがブルゴーニュ公に（34）。ノルマンディ公をギヨームが襲封（35）。武勲詩流行（50頃）。教会が東西決裂（54）。ローマ教皇が皇帝選任から聖職者の選挙制に移行（59）。臣従礼の儀式始まる（60頃）。
フィリップ1世〈1060—1108〉	ノルマンディ公ギヨームが英国を征服（66）。俗人の聖職任命を禁止。カノッサの屈辱（77）。ギヨームが没す（87）。クレルモン公会議でフィリップ王の破門と十字軍創設を決議（95）。第一次十字軍が出発（96）。ゴドフロワ・ド・ブイヨンがイェルサレムを占領（99）。トルバドゥール流行（00頃）。国王と教皇が叙任権で和解（07）。
ルイ6世〈1108—1137〉	イェルサレムでテンプル騎士団成立（19）。ヴェズレー教会竣工（32）。ヘンリー1世娘マチルダとアンジュー伯ジョフロワが結婚（27）。
ルイ7世〈1137—1180〉	シャンパーニュの大市開く（37頃）。ルイ王が十字軍に参加しシュジェールが摂政（47）。王妃アリエノールが王と離婚しアンジュー伯アンリと再婚（52）。アンリがヘンリー2世に（54）。『トリスタンとイズー物語』（55）。パリのノートルダム寺院建設（63〜1250）。
フィリップ2世〈1180—1223〉	シャンパーニュ伯やフランドル伯の反乱。このころパリ大学創立（81）。ユダヤ人を追放（82）。地方官としてバイイを派遣（84）。ルーヴル宮建設（90）。シャルトルの大聖堂着工（94）。フィリップ王が第三次十字軍に出発（90）。帰国（91）。英国王リチャード1世がアキテーヌで戦死（99）。王太子ルイとブランシュ・ド・カスチーユが結婚（00）。英国王の所領を没収（02）。ジョン王が甥のブルターニュ公アルテュールを暗殺（03）。ノルマンディ平定。フランドル伯ボードワンがラテン帝国皇帝に（04）。アルビジョワ十字軍始まる（08）。ブーヴィーヌの戦いで皇帝軍に大勝利（14）。

ルイ8世〈1223—1226〉

英国で『マグナ・カルタ』成立（15）。王太子ルイが英国王位を狙い遠征するが失敗（16）。ヘンリー3世に宣戦（24）。諸王子にアンジュー領など財産を分配（25）。アルビジョワ派のトゥールーズ伯領を制圧など南西部で王権強化される（26）。

ルイ9世〈1226—1270〉

母后ブランシュが摂政（26〜34）。キプチャク・ハン国成立（43）。サン・シャペル教会建設開始（44）。第六次十字軍でエジプトへ（48）。マンスーラの戦いで捕虜になるが身代金で釈放。パリ高等法院設立（50）。ルイ王帰国（54）。英国王がボルドー周辺以外を放棄し、アキテーヌ公としての臣従を受け入れ（59）。ラテン帝国滅亡（61）。ルイ王がアミアン和議で英国王と諸侯を調停（64）。アクィナス『神学大全』（65）。シャルル・ダンジューがシチリア王に（66）。第七次十字軍に出発するがチュニスで病死（70）。

フィリップ3世〈1270—1285〉

トゥールーズ伯領を王領に編入（71）。シチリアの晩禱事件でシャルル・ダンジュー追放（82）。ローマ教皇、フィリップをアラゴン王に擁立（84）。フィリップ王ペルピニャンで病死（85）。

フィリップ4世〈1285—1314〉

間接税マルトート導入。イェルサレム王国滅亡（91）。第一回全国三部会を召集（02）。アニャーニ事件で教皇ボニファティウス8世が逮捕され憤死（03）。ボルドー大司教がクレメンス5世として教皇に（05）。テンプル騎士団長ジャック・ド・モレーを火炙り。王太子妃ら品行不良で逮捕。増税に反対する「封建同盟」結成（14）。

ルイ10世〈1314—1316〉

ヨーロッパ全域で冷害が広まる。前王の大蔵卿マリニーを処刑（15）。ポーム（テニスの原型）のプレーのあと冷えたワインを飲んで昏倒し死去（16）。

ジャン1世〈1316—1316〉

ルイ10世死去のときに二人目の王妃クレマンスが妊娠中のために王弟フィリップを摂政とし、王子誕生とともに王とするがすぐに死去。

フィリップ5世〈1316—1322〉

ランスで戴冠式。異議申し立てを恐れ全市閉門（17）。このころ、シャンパーニュの市が衰えシャロン・シュル・ソーヌに繁栄が移る。

シャルル4世〈1322—1328〉

英国王太子、アキテーヌ公としての臣従礼をシャルル4世にとる（25）。英国王エドワード2世が追放のちに肛門から焼け火箸を突っ込まれるなどして惨殺されたともいわれ、エドワード3世即位（27）。

コラム 5

地方区分❶

カペー朝創立のころの諸侯たち（987年）

"Les Souverains de France"（Maurice Griffe）参照

欧州一の名門王家の誕生

【ユーグ・カペー】
Hugues Capet

▼ローマ教会が求めた強力な知恵と武勇

誕生 941年?
即位 987年(46歳)
死去 996年(55歳)

断頭台の露と消えたルイ16世は、革命勢力による裁判のとき、「ルイ・カペー」と呼ばれていた。「カペー」というのは、聖マルタン（聖マルチヌス）が着用したフード付きの短いマントのことで、ユーグ・カペーがトゥールにあるこの聖人ゆかりの修道院の俗人修道院長だったことに由来するものだったが、これが王朝の通称になったのである。

ユーグはその家系が送りだした最初の王ではない。だが、彼のあとは、「ヴァロワ」「ブルボン」「オルレアン」など違う王朝の名で呼ばれるとしても、19世紀のオルレアン家のルイ・フィリップまでがすべて彼の子孫であり、英国王室などヨーロッパの王室に広くDNAを伝えている特別の存在である。

カロリング朝最後の王であるルイ5世（怠惰王）が事故死したとき、その叔父である低ロレーヌ公シャルルが王座への意欲を見せたが、ランス大司教アダルベロンは「王は血統の高貴さのみならず、知恵と武勇と寛大な精神の持ち主こそふさわしい」と演説し、ユーグを後押しした。ユーグが自ら持ち私物化していた修道院領についての利権が害される不利があるにもかかわらず、クリュニー修道院の唱える改革運動に理解を示していたことも聖職者たちの支持を集めた理由だった。

こうして王座に就いたユーグは「フランキア、ブルトン、ノルマン、アキテーヌ、ゴート、スペイン、ガスコーニュの人々の王である」と宣言した。

とはいえ、この段階ではカペー家による継承が保証されたわけでなかった。そこで、ユーグは、その年のクリスマスに息子のロベールを共同統治者として聖別させ息子への継承を保証させたが反発も強かった。

ちなみに、中世にはカペー家の先祖はパリの精肉商《ブシュリー》だったという噂が広く信じられ、イタリアの詩人ダンテも叙事詩『神曲』に書いているが、事実でない。

ユーグ・カペー家族 父パリ伯ユーグ・ル・グラン、母ヘドウィッヒ・ド・サックス（ドイツ王ハインリヒ1世の娘。神聖ローマ皇帝オットー大帝の妹）、妻アデライード・ダキテーヌ（母はノルマンディ公ロロの娘）、子ロベール2世など。

解説 ○低ロレーヌ公シャルルは、兄ロテール王の妃を中傷したことなどから兄と対立し、神聖ローマ皇帝オットー2世に接近して低ロレーヌを与えられた。こうした経緯から、カロリング家に近い人たちもユーグ・カペーを支持した。だが、ユーグが息子ロベールを聖別させたことなどに反対して反乱を起こしたシャルルを奸計で捕らえ獄死させたことは、王位獲得の正統性を著しく傷つけ、大諸侯たちをカペー王家が制御できない素地にもなった。

ロマネスクな悲恋物語の主人公

【ロベール2世】（敬虔王《ル・ピユウ》）
Robert II

▼近親婚禁止を理由に家臣からも避けられた王と王妃

誕生 972年
即位 996年（24歳）
死去 1031年（59歳）

【アンリ1世】
Henri Ier

▼ビザンツ文化圏からやってきた王妃は当時としては珍しく字が読めた

誕生 1006年
即位 1031年（25歳）
死去 1060年（54歳）

中世のヨーロッパでは、近親結婚がひどく厳しく制限されていたが、ロベール2世のロマネスクな恋は、このルールが引き起こした悲劇である。

ロベールは、両ブルグント王の娘でカロリング家ルイ4世（渡海王）の孫であるベルトと結婚したが、ローマ教皇グレゴリウス5世はふたりがともにドイツ王ハインリヒ1世の曾孫であるという理由で認めてくれなかった。

当時は七親等までの結婚は禁止で、しかも、祖父が共通なら二親等といった計算の仕方をしたので、彼らは三親等ということになったのだ。このころは、キリスト生誕1000年が近づき末世になると人々が心配していたので、ローマ教皇の禁止命令にもかかわらず一緒に暮らすふたりは非難された。家臣たちも接触することすらおののいたので、彼らはふたりだけで引き籠もり、彼らの使った食器はそのたびに火で清められた。

「敬虔王」といわれるように信心深かったロベール王とベルトは、ローマまで出向いて新教皇シルヴェステル2世に結婚を認めるように願ったが断られた。結局、子供ができなかったこともあって彼らは結婚を無効とし、王はアルル伯の娘コンスタンスと再婚したが、ベルトの死までふたりの関係は続いた。

王妃となったコンスタンスは、南フランスからトルバドゥール（吟遊詩人）たちを宮廷に呼び寄せて恋の歌を歌わせたので、北フランスの人々は風紀の乱れに眉をひそめた。コンスタンスとのあいだには7人もの子供ができたが、父ロベールは彼らと争い、パリ南東のムランで戦死した。

さて、ロシアをキリスト教国としたのは、キエフ大公ウラディーミル1世である。その孫娘がロベールの次男アンリ1世の妃になったのは、気の遠くなるような両地の距離と、キリスト教に改宗してたった三世代目という事実とによって、いかにも唐突な印象だ。

だが、こういうことになったのは、先に紹介した近親婚の禁止で、アンリ1世が西ヨーロッパの王族のうちから妃を見出せなくなったからだ。王の命令で妃さがしの旅に出た使節が、ついにキエフ大公国でアンナ（フランス名アンヌ）という美しい王女を発見したのである。

また、彼女の父は庶子とされるが、祖父の妃はビザンツ皇女であり、間接的にキリスト教世界第一の帝国と縁続きになれるのは、当時のフランスの国際的地位からすれば名誉なことだった。

さっそく、フランスからシャロン・シュル・マルヌの司教が派遣され、アンナの美貌と知性を確認した。なにしろ、彼女は当時の女性としては珍しく「字が読めるほどのインテリ」だったのだ。アンナは2000キロも彼方から輿入れすることになった。このとき、アンナは大量のビザンツ帝国の金貨を嫁資として持ってきてフランス人を驚かした。アンリは39歳、アンナは27歳だった。

ロベール2世家族 父ユーグ・カペー、母アデライード・ダキテーヌ、妻①シュザンヌ・ディタリー（イタリア王ベレンガリオ2世の娘）、②ベルト・ド・ブルゴーニュ（両ブルグント王コンラッド3世の娘。両ブルグント王国はアルル王国ともいう）、③コンスタンス・ダルル（アルル伯ギヨーム1世の娘）、子アンリ1世、ブルゴーニュ公ロベール1世（兄アンリ1世の即位後に母コンスタンスを後ろ盾に反乱を起こし、ブルゴーニュ公領を創設することで妥協が図られた。このブルゴーニュ家は1361年まで続いたあと女系相続で王家に回収され、1363年に再興されて、百年戦争時に暗躍する。ロベール1世の曾孫のアフォンソ1世はポルトガルに移り、その王家の創設者となる）など。

アンリ1世家族 父ロベール2世、母コンスタンス・ダルル、妻①マティルド・ド・フリーズ（フリースラント辺境伯リウドルフの娘）、②アンヌ・ド・キエフ（キエフ大公ヤロスラフ1世の娘。アンヌは摂政となったが、ヴァロワ伯ラウルと再婚したのでスキャンダルになった。夫ラウルの死後は宮廷に戻り、そこで生活した）、子フィリップ1世、ユーグ（ヴェルマンドワ伯の娘と結婚し、伯爵家を継ぐ）など。

フランス人が創ったイェルサレム王国

【フィリップ1世】
Philippe Ier
▼認められない結婚を理由にローマ教会から破門されてしまう

誕生	1052年
即位	1060年（8歳）
死去	1108年（56歳）

【ルイ6世】（肥満王《ル・グロ》）
Louis VI
▼中東ではフランス貴族たちがイェルサレム王国などを創る

誕生	1081年
即位	1108年（26歳）
死去	1137年（55歳）

イェルサレム王国は、第一次十字軍が建国、約1世紀のあいだ聖地を支配し、13世紀の終わりまで中東で命脈を保ったキリスト教国である。その初代の君主は、「聖墓の守護者《アヴェ・ド・サン・セピュルクル》」と呼ばれたゴドフロワ・ド・ブイヨンで、その弟のボードワン1世が初代の王となった。

彼らは北フランスからベルギーにかけて勢力を持った一族で、父はブローニュ伯、ゴドフロワは低ロレーヌ公を名乗っていた。小説『ダ・ヴィンチ・コード』でテンプル騎士団の前身を設立し秘密の鍵を握る人物ということになっていたのは、このゴドフロワである。

また、トリポリ伯領はトゥールーズ伯など南フランスの騎士たちによって建てられたし、イェルサレム王となったりキプロス王国を建てて15世紀まで続いたリュジニャン家はフランス中部のポワチエ出身であるなど、十字軍の主体はフランスの騎士たちであった。

十字軍の動機はさまざまにいわれるが、衰えてきたビザンツ帝国が力をつけてきた西ヨーロッパの力を借りようと画策したところ、ローマ教会が権威確立のチャンスとばかり張り切った。そこへもってきてイタリアの商人が商圏拡大を狙い、騎士たちが新たな領地拡大の場を求めていた土壌があったので、思わぬ大事業になったということだろう。結果は、フランスにおいては、遠征のために莫大な借金を抱えた騎士階級の没落、商人たちの興隆、そして、王権の確立だった。

フィリップ1世は8歳で即位し、母后のアンヌが摂政を務めた。また、叔母の夫であるフランドル伯ボードワン5世の後見も受けた。

このころ諸侯の力が強化され、とくに、ボードワン5世の娘婿でもあるノルマンディ公ギョーム2世はイングランドを征服して英国王ウィリアム1世（征服王）となった。ただし、本拠はフランスで、その墓もノルマンディのカーンにある（フランス革命のときに略奪された）。

征服王が、長男ロベールにノルマンディを、次男ウィリアム2世に英国を相続させたのは、このふたつの領土の軽重を象徴している。

フィリップ1世は、最初の妃ベルトを離婚したのち、アンジュー伯夫人だったベルトラードと結婚したが教会はこれを認めず、破門を何度も受けたので、王の在位中の1095年に国内のクレルモンで開かれた公会議で第一次十字軍の派遣が決まったが参加できなかった。

ルイ6世は父フィリップが教皇ウルバヌス2世から破門されていたので、早くから実権を掌握していた。大食いで「肥満王」と呼ばれたが、学友である聖職者シュジェールを顧問とし、キリスト教と王権の権威を結びつけることに成功した。

国内では、国王が法の支配や交通の自由の守護者であるように努め、それに成功した。パリからオルレアンまで安全に旅ができるようになったのは、砦に盤踞《ばんきょ》していた野武士のような小領主を王が押さえ込んだおかげである。外交では、神聖ローマ皇帝ハインリヒ5世、英国王ヘンリー1世（ウィリアム征服王の四男）という脅威があったが、王が尊敬される存在になったことが諸侯たちの協力を確保させた。

フィリップ1世家族 父アンリ1世、母アンヌ・ド・キエフ、妻①ベルト・ド・オランド（ホラント伯フロリス1世の娘でフランドル伯ロベール1世の養女。離婚）、②ベルトラード・ド・モンフォール（モンフォール伯シモン1世の娘。アンジュー伯フルク4世夫人だったのを奪う）、子コンスタンス（アンティオキア公ボエモン夫人）、ルイ6世など。

ルイ6世家族 父フィリップ1世、母ベルト・ド・

オランド、妻アデル・ド・サヴォワ（サヴォワ伯ウンベルト2世の娘。ローマ教皇カリストゥス2世の姪）など、子ルイ7世、ロベール（ドルー伯。ブルターニュ家と合体する）、ピエール（クルトゥネー家。子のピエールがラテン帝国の皇帝となる）など。

解説 ○ルイ6世の学友シュジェールは貧農の子で、サン・ドニ・バジリクの創設者であり、ノートルダム・ド・パリ建設も始める。神聖ローマ皇帝ハインリヒ5世の侵攻に際して、サン・ドニの旗である「オリフラム」を掲げて戦い撃退した。中世におけるもっとも傑出した聖職者であり政治家のひとりである。

王妃アリエノールとの結婚と離婚

【ルイ7世】（若年王《ル・ジョーン》）
Louis VII

▼大領主だった王妃が王と離婚したあと英国王と再婚したので混乱

誕生 1120年
即位 1137年（17歳）
死去 1180年（60歳）

「王様と結婚したと思っていたら相手は修道士だったのよ」と、アキテーヌ出身の王妃アリエノールは嘆いたと伝えられている。アリエノールが育ったボルドーの宮廷は、トルバドゥールたちがラング・ドック地方（南部方言オック語を使用）で愛の歌を奏でるロマンティックな別天地だった。

ピレネ山脈に近いガスコーニュから中部のポワトゥーにまで及ぶフランス南西部を女領主として相続した彼女が、王太子だったルイ7世と結婚したのは、フランス王国を強化するためにはまことに賢明な選択だった。

しかし、ラング・ドイル地方（北部方言オイル語を使用）の質朴な風土で育った、愛想はよいが騎士気質で敬虔なルイは、アリエノールにとってはまことに退屈な人間だったし、彼女のちょっと奔放な振る舞いはルイを当惑させた。

十字軍占領地がイスラム教徒の攻撃にさらされたとき、クレルヴォー修道院院長の聖ベルナールの呼びかけ（第二次十字軍）に、ドイツ王らとともに、敬虔なルイも参加することになった。ルイは聖地に王妃アリエノールを同行したが、これは、留守中の彼女の行いを心配したというより、彼女の叔父が中東にあったアンチオキア公だったことも理由だろう。

だが、遠征地での彼女は灼熱の夜に熱情をあおり立てられたか、好ましからざる行状だった。ルイは我慢ができなくなり、留守中の摂政を務めていた聖職者シュジェールに離婚したいと書き送った。この賢明な摂政は必死になって止めたが、彼が死んだのちは、ルイが近親婚を口実に離婚するのを誰も止められなかった。

だがアリエノールは、9歳も年下で、太い首を持つ活発で魅力的な青年アンジュー伯アンリ2世と再婚した。そののち、紆余曲折はあったが、アンリはその母が英国征服王ウィリアムの王女マチルダだったことから英国王ヘンリー2世となったので、フランスの西半分とイングランドを支配することになったのである（「アンジュー帝国」と呼ばれている。詳細は１４４ページ）。
だが、思わぬ巨大な臣下の出現に驚いたルイ７世のほうも、英国王にやられっぱなしの無能な君主ではなかった。ヘンリー２世と対立したカンタベリー大司教トーマス・ベケットを保護して揺さぶり、隙を与えなかった。パリのノートルダム大聖堂を着工したのもこの王である。

ルイ7世家族 父ルイ6世、母アデル・ド・サヴォワ、妻①アリエノール・ダキテーヌ（アキテーヌ公ギヨーム10世の娘。離婚後にのちの英国王ヘンリー2世と再婚）、②コンスタンス・ド・カスティーユ（カスティーリャ王アルフォンソ7世の娘）、③アデル・ド・シャンパーニュ（シャンパーニュ伯チボー2世の娘）、子マルグリット（ハンガリー王妃）、フィリップ2世、アニェス（8歳のときにコンスタンティノープルに送られ、ビザンツ皇帝アレクシオス2世と結婚したが、夫はアンドロニコス1世に暗殺され、その新帝と再婚させられる）など。

パリの城壁を造った王様

【フィリップ2世】（尊厳王《オーギュスト》）
Philippe II

▼優れた手腕で英国王を手玉に取り、パリには城壁を造る

誕生	即位	死去
1165年	1180年（15歳）	1223年（57歳）

カルチエ・ラタン（パリ第五区）には、哲学者サルトルの学んだアンリ４世校など有名高校《リセ》が多いが、そのひとつであるシャルルマーニュ校の建物の一部にはフィリップ２世時代の城壁が

そのまま使われている。中世の都市はいずれも城壁に囲まれていたが、パリの場合には、このフィリップ2世のものがもっとも古い。

この王は、ローマの初代皇帝アウグストゥスにちなんで「フィリップ・オーギュスト」と呼ばれ、ほかの何よりも、首都としてのパリの基礎を築いたことで人々に記憶されている。パリ大学を創設し、道路を舗装し、警察組織を整備した。シテ島と、カルチエ・ラタンと右岸の商業地域からなる都市として現代にまで連なるパリの骨格を完成させた。

言葉も身なりも簡素なフィリップ尊厳王だが、禿《は》げて赤ら顔、酒飲み、かつ大食いで精力的だった。その行動は騎士でも単なる謀略家でもなく、政治家そのものだった。英国王ヘンリー2世とその子供たちの争いを徹底的に利用し、子供のうちでも、とくに王妃アリエノールが可愛がったリチャード1世（獅子心王《クール・ド・リオン》）が父に反抗したのを後押しし、ヘンリーを絶望のなか、フランス中部シノンで死なせた。

リチャード獅子心王とはともに第三次十字軍にも出かけたが、そこで不和になって、こんどはその弟のジョンや甥のブルターニュ公アルテュールを使って揺さぶったあげく、アキテーヌでの小競り合いで死に追いやった。結局、次に王となったジョンから、アンジュー帝国の大陸での領地のうちボルドー周辺のわずかを残して没収した。

さらに、ブーヴィーヌの戦いで神聖ローマ皇帝オットー4世と英国の連合軍を破り、ヨーロッパの強国としてのフランスの声望を確固たるものにした。こうして、とりあえず、ノルマンディ公国によるイングランド奪取以来のねじれを解消したのである。

一方、南フランスの異端教徒をアルビジョワ十字軍により鎮圧させたが、できるだけ、自分の手は汚さなかった。内政では、地方官《バイイ》の制度を整備して地方の経営を強化もした。

彼も父ルイ7世と同じ長さの43年間君臨して死んだ。それまでのカペー朝の王のように、生前に息子を聖別してはいなかったにもかかわらず、息子を後継者として認めないなどとは誰も言わなかった。それほどまでに、王権は強くなっていたのである。

フィリップ2世家族 父ルイ7世、母アデル・ド・シャンパーニュ、妻①イザベル・ド・エノー（エノー伯ボードワン5世と、フランドル女伯で禿頭王シャルル2世の子孫マルグリット1世の娘。ラテン皇帝ボードワン1世は弟）、②インゲボルグ（デンマーク王ヴァルデマー1世の娘）、③アニエス・ド・メラニー（南チロルのメラーノ公ベルトルト4世の娘。シレジアの守護聖人ヤドヴィガの妹）など、子ルイ8世など。

理想の騎士に育てた母后の執念

【ルイ8世】（獅子王《ル・リオン》）
Louis VIII

▼母方からカロリング朝の血を受け継いで権威を向上させる

誕生	即位	死去
1187年	1223年（36歳）	1226年（39歳）

【ルイ9世】（聖王《サン・ルイ》）
Louis IX

▼全ヨーロッパから尊敬を集めアメリカのセントルイスにその名を残す

誕生	即位	死去
1214年	1226年（12歳）	1270年（56歳）

アメリカ中西部の都市セントルイスは、もともと、フランス植民地時代に創建された都市で、フランス語では「サン・ルイ」、つまり、聖王ルイ《サン・ルイ》（ルイ9世）を意味する。「カトリックの長女」といわれるフランスだが、歴代の王のなかで聖人になったのは、このルイ9世だけである。在世中から国民にも、英国人など外国人からも崇敬された名君であった。

ルイ9世をそのような王者に育てたのは、母后のブランシュ・ド・カスチーユだ。彼女の母は英国王ヘンリー2世とあのアリエノールとの娘だった。1200年ごろに英仏が雪解けした時期があり、ブランシュの祖母であるアリエノールが奔走して、彼女とのちのルイ8世の縁談をまとめた。

王太子だったルイ8世は、「獅子王」といわれるように、偉大な父フィリップ2世と同じように、剛毅で視野が広い政治家だった。しかも、ベルギーのモンス周辺にあったエノー家出身の母からカロリング家のDNAを受け継いでいたことで、より正統性を強固にしていた。

しかも、ブランシュという、本人以上に野心的で有能な妃を切り札として持っていた。そのブランシュは、母がヘンリー2世の王女であることから英国王位の継承権も引き継いでいた。父の長命による長いフランス王太子としての憂鬱にあるとき、英国貴族たちはジョン王を排斥するために、ルイ8世に英国王位を提供しようと申し出たので、彼は単独でロンドンに進軍し占領した。だが、ここでジョン王が赤痢で死んだために、英国貴族たちはジョン王の子であるヘンリー3世のもとで結束した。このために、英国王への夢はあきらめたが、間もなく父王が死んだので、フランス王に即位した。

獅子王ルイ8世は、南フランスのラング・ドック、トゥールーズ、オーヴェルニュ、プロヴァンス地方の支配強化に成功したが、わずか3年で死去した。

残された妻のブランシュは12歳のルイ9世の摂政となり、鮮やかな政治力で、敵に付け入ることを許さなかった。もっとも面倒な敵のひとりは、このころ、地中海とフランドル地方（オランダ南部、ベルギー西部、フランス北部にかけての地域）を結ぶ交易の中心地だったシャンパーニュを領するチボー4世だった。

素晴らしい詩人でもあったチボーは、ブランシュに懸想したらしく公然と慕る思いを歌ったのでふたりの関係はさまざまな噂も呼んだが、この好意がフランス王国の瓦解を防いだ。先代フィリップ2世のときから続く、商人たち、とくにパリのそれの王権への支持も支えとなった。

ブランシュは、息子ルイ9世を理想の騎士王として育てることに狂おしい情熱を注ぎ、息子の結婚後も事細かに生活にまで干渉した。そのため、ルイ9世と王妃は会うことすらままならず、「秘密の階段で逢い引きしなくてはならなかった」とすらいわれている。

成人したルイは、英国王ヘンリー3世を追い詰めたが、ノルマンディなどを放棄する代わりにガスコーニュはヘンリーに返して平和を結んだ。その後、ヘンリー3世と英国貴族との橋渡しや、神聖ローマ皇帝と教皇の調停を行ったし、「ヴァンセンヌの樹の下での裁判」などの公正さも際立ち、理想のキリスト教君主として高い名声を得た。天使のような顔と鳩のような眼のルイ9世は、神経質で怒りっぽく、また自他ともに対して峻厳で、自らや先祖たちの過ちを認めることもためらわなかった。

一方、第七次十字軍でエジプトに出かけたが成果はなく、第八次十字軍で地中海におけるイスラム教の根拠地であったチュニスを攻撃中に陣没した。

ルイ8世家族　父フィリップ2世、母イザベル・ド・エノー、妻ブランシュ・ド・カスチーユ（カスティーリャ王アルフォンソ8世の娘）、子ルイ9世、ロベール（アルトワ伯）、シャルル・ダンジュー（アンジュー伯、シチリア王）など。

ルイ9世家族　父ルイ8世、母ブランシュ・ド・カスチーユ、妻マルグリット・ド・プロヴァンス（プロヴァンス伯レーモン・ベランジェ4世の娘）、子フィリップ3世、ロベール（クレルモン伯でブルボン家の祖）など。

解説　○聖王ルイ9世の高潔な人格や高い能力については、異論がないところだが、一方で、英国の苦境に乗じてフランスの国益をもっと実現できたはずだとか、国庫の富を蓄えることに努力を注がなかったという批判もある。○シャンパーニュ伯チボー4世がナヴァル王となり、ブルボン朝の祖アンリ4世もその子孫である（詳細は146ページのコラム参照）。

地中海帝国への夢

【フィリップ3世】（大胆王《ル・アルディ》）
Philippe III

▼野心的な叔父シャルル・ダンジューに振りまわされて戦いを続ける

誕生　1245年
即位　1270年（25歳）
死去　1285年（40歳）

シャルル・ダンジューは、聖王ルイ9世の末弟である。兄と同じように有能な人物だったが、争いごとや民衆の迷惑を避けようなどという発想は兄と共有せず、壮大な夢を追いつづけた。

シャルルは父からアンジュー伯領を「親王領《アパナージュ》」として分与されていた。親王領というのは、次男坊以下に国土の一部を与え、もし男系の子孫がいなくなれば王に戻すという制度である。シャルルは、それに加えてプロヴァンス伯領を得る。というのは、兄嫁であるマルグリットや英国王ヘンリー3世妃などの姉妹であるベアトリスと結婚し、彼女がその父からプロヴァンス伯領を引き継いだからである。

聖王ルイの時代、ローマ教皇インノケンティウス4世と神聖ローマ皇帝フリードリヒ2世が対立していたが、その領地であるシチリア王国で皇帝の庶子マンフレディが王となったところ、教皇はこの王国をシャルルに提供した。シャルルは、イェルサレム王、アカイア公（ギリシャ南部）、ラテン帝国（ビザンツ帝国と対立して建てられたカトリック帝国）の皇帝を兼ね、甥のフィリップ3世を神聖ローマ皇帝とするように画策して全キリスト教圏の支配者たろうとした。

だが、シャルルが戦費調達のために重税をかけたことからシチリアで反乱が起き（シチリアの晩禱事件）、アラゴン王ペドロ3世がシチリアを横取りした。教皇はペドロを破門し、ペドロの妹を妃としていたフィリップ3世にアラゴン王国を与えるとしたので、フィリップはアラゴンを攻めたが、敗退し、帰路のペルピニャン（南西フランス地中海側の都市）で死去した。

フィリップ3世は、敬虔で勇敢で立派な騎士であって「大胆王」と呼ばれたが、偉大な聖王ルイの息子として比べられるばかりで苦しみ、その一方で、野心と行動力の塊である叔父のシャルルに振りまわされて、影の薄い王者としてしか記憶されていない。

フィリップ3世家族 父ルイ9世、母マルグリット・ド・プロヴァンス、妻①イザベル・ダラゴン（アラゴン王ハイメ1世の娘）、②マリ・ド・ブラバン（ブラバント公アンリ3世の娘）、子フィリップ4世、シャルル（ヴァロワ家の祖。その子がフィリップ6世となる。娘ブランシュは神聖ローマ皇帝カール4世妃）、ルイ（エヴルー家の祖。シャルル4世妃ジャンヌの父）、マルグリット（英国王エドワード1世妃）など。

解説 ○プロヴァンスは、フランク王国3分割（843年）の際には中フランク国の一部であり、その分裂によってアルル・ブルグント王国に属し、神聖ローマ帝国の領域内でもあった。スペインのアラゴン王家の分家でプロヴァンス伯だったレーモン・ベランジェ4世には、マルグリット（ルイ9世妃）、エレオノール（英国王ヘンリー3世妃）、サンシー（ヘンリー3世の弟リチャード妃）、ベアトリス（シャルル・ダンジュー夫人）がいたが、このうちベアトリスとシャルルの夫妻にプロヴァンス伯領は継承された。15世紀になってルネ・ダンジューのもとでエクス・アン・プロヴァンスを首都として最後の花を咲かせたが、その甥のシャルルのあと、アンジュー家出身の母を持つフランス王ルイ11世がプロヴァンス伯を兼ねることになってフランスの一部となった。○神聖ローマ皇帝フリードリヒ2世はシチリア育ちで、アラブ語まで操り、イスラム教徒に融和的であり、武力でなく話し合いでイェルサレムを回復するなどしたが、教皇はこれを良しとしなかった。

テンプル騎士団の破滅

【フィリップ4世】（美男王《ル・ベル》）
Philippe IV

▼国民意識を高めて教皇庁を牽制し
アヴィニョンに移転させる

誕生 1268年
即位 1285年（17歳）
死去 1314年（46歳）

小説『ダ・ヴィンチ・コード』で有名になったテンプル（タンプル）騎士団は、イェルサレムにおいて巡礼者の保護を目的にフランスの貴族らによって設立されたものである。莫大な寄付と特権のおかげで、艦隊や砦を擁し、広大な土地と資産を獲得した。

それを背景に、十字軍の兵士にヨーロッパでお金を預けさせ、中東で引き出して使わせるといった銀行業務を行い、さらには王侯にも金貸しをし、国庫の管理までやった。というより、このころ王の金庫そのものが騎士団の本部に置かれていたのである。

フィリップ4世が、この騎士団を滅亡させたのは、その資産が目当てだった。このころローマ教皇はフランス人のクレメンス5世で親仏派だったので、フィリップは騎士団の入会に当たっての秘密儀式などを盾にとって、これを異端と宣言させ、団長ジャック・ド・モレーは火炙りにされた。

フィリップ4世は、姿が美しかったので「美男王」と呼ばれており、ミステリアスで言葉数少なく謙譲だったが、やり方は大胆不敵な政治家のそれだった。このころ、「法曹官僚《レジスト》」といわれるような有能な官僚集団が確立しはじめ、王の仕事を助けた。

裁判の公正さが王権を強めると見て、シテ島に高等法院《パルルマン》の立派な建物を造った。かつてのクロヴィス1世の王宮の場所であり、現在も最高裁判所《パレ・ド・ジュスティス》がある。一方、事業税、所得税などさまざまな税を創設し、テンプル騎士団に限らず、口実をつけては富裕者の財産を没収した。貨幣を改鋳して差額を手に入れもした。

こうした強硬策は、フランドル地方の商工業者からは不評で、それが彼らを英国との同盟に走らせた。それでも、フィリップはスコットランドを支援して牽制したので、エドワード1世を抑えることができたが、娘のイザベルをエドワード2世と結婚させたことは、百年戦争を引き起こす遠因になった。だが、この時点では何人もの王子がいて、フランスの王統を維持できないと予想した者はいなかっただろうからフィリップ4世を責めるのは酷というものだ。

ローマ教皇とも対立した。その至上主義を唱える教皇ボニファティウス8世に、聖職者・貴族・市民の3身分からなる「三部会《エタ・ジェネロ》」を創設して国民意識を高めることで対抗し、ローマの貴族コロンナ家を味方にして、教皇を捕縛し憤死に追い込んだ（アニャーニ事件）。そして、次代のベネディクトゥス11世も変死し、後任にはボルドー大司教のクレメンス5世を選出させ、ついには、教皇庁は南フランスのアヴィニョンに移転することになった（教皇のアヴィニョン捕囚）。

フィリップ4世家族　父フィリップ3世、母イザベル・ダラゴン、妻ジャンヌ・ド・ナヴァル（ナヴァル女王およびシャンパーニュ女伯。ナヴァル王アンリ1世の娘。この結果、フィリップ4世はナヴァル王を兼ねる）、子ルイ10世、フィリップ5世、イザベル（英国王エドワード2世妃。夫を追放）、シャルル4世など。

王太子妃たちのセックス・スキャンダル

王	概要	誕生	即位	死去
【ルイ10世】（喧嘩王《ル・ユタン》） Louis X	▼殿下がテニスに熱中しているあいだに妃殿下が不倫して大事件に	1289年	1314年（25歳）	1316年（26歳）
【ジャン1世】（孤児王《ル・ポステュム》） Jean Ier	▼父王の死後に生まれ、その年のうちに死んでしまった幼い王	1316年	1316年（0歳）	1316年（0歳）
【フィリップ5世】（長身王《ル・ロング》） Philippe V	▼長子相続が初めて崩れて前国王の叔父が継承する	1292年	1316年（24歳）	1322年（30歳）
【シャルル4世】（美男王《ル・ベル》） Charles IV	▼馬車の転覆事故で王妃を失い、カペー朝本流が断絶する	1295年	1322年（27歳）	1328年（33歳）

英国では女王がいるし、女系の相続も認められている。だが、フランスではどちらも駄目である。だが、最初から明確にこう決めているわけではない。なにしろ、ユーグ・カペーが王座に就いて以来、継がせるべき王子がいない王はいなかっただけなのだ。

奇跡的に安定した男系相続が続いたことが、弱体だったカペー朝をヨーロッパ一の強力な王家に変身させた。ところが、フィリップ4世の嫡男であるルイ10世（喧嘩王）が死に、その死後に生まれたジャン1世（孤児王）も在位わずか5日で死んだ。

このとき、ルイ喧嘩王の長女ジャンヌ王女も候補になったのだが、ちょっとした不都合があった。というのは、彼女の母でルイの最初の妃だったマルグリットは、セックス・スキャンダルの末に幽閉されており、ジャンヌがルイの子であるか、いささか疑わしかったからである。

そこで、三部会では5世紀はじめにフランク族の一部族であるサリー部族が定め、クロヴィス1世によって集成された『サリカ法典《ロワ・サリク》』に、不動産の相続を男系に限る条文があるのを発見して、ジャンヌを王位継承者から外したのである。

そもそもフィリップ4世には、喧嘩王ルイ10世、フィリップ5世（長身王）、シャルル4世（美男王）となる3人の成人した王子がおり、それぞれ、ブルゴーニュ公の娘マルグリット、ブルゴーニュ伯（フランシュ・コンテが領地でブルゴーニュ公とは別）の娘ジャンヌ、その妹のブランシュと結婚していた。

いずれも若く美しい妃たちだったから、舅《しゅうと》であるフィリップ4世にも気に入られ、宮廷には華やいだ雰囲気が満ちあふれていた。ところが、王子たちときたら、3人ともポーム（テニスの原型）に熱中し、妻たちにあまり構わなかったのである。

そこで、彼女たちは、若い貴公子たちを連れ込んでアヴァンテュールを愉しみはじめた。3人の共同戦線がうまく機能して秘密は守られていたのであるが、王子たちの姉妹で英国王エドワード2世の妃になっていたイザベルが一時帰国したとき、女の感で異変に気づいて父王に注意を促した。

王が調べてみると、たしかに怪しいというので、彼女たちや、遊び相手、従者たちを捕らえて拷問にかけると恐るべき事実が明らかになったのである。不倫の相手だった貴公子たちは、局所を切り取られ、皮を剝ぎ取られ、車裂きにされて処刑された。

妃たちはノルマンディのガイヤール城に幽閉されたが、当時、姦通は離婚の理由として認められなかったので、王子たちの再婚は遅れてしまった。嫡男であるルイ喧嘩王はマルグリットが何者かの手で殺害されたのちに、聖王ルイ9世の末弟シャルル・ダンジューの孫でハンガリー王位を争っていたカルロ・マルテッロ・ダンジューの娘クレマンスをナポリから呼び寄せて結婚したが、すでに書いたようにルイは子供が生まれる前に死んだ。

孤児王ジャンをはさんで即位したフィリップ長身王の妻のジャンヌは、例の火遊びに参加していたが、勇気がなかったのか不倫は働いていないというので、王妃になれた。だが、在位

6年で、男子を成すことなくフィリップは死んだ。
ついで、シャルル美男王の出番になった。シャルルは、幽閉されたブランシュとの結婚を、本来、許されない近親婚だったということで教皇から無効にしてもらった。おかげで、ブランシュも殺されずに、修道院で生き延びることができた。
シャルルは急いでルクセンブルク家のマリ（皇帝ハインリヒ7世の王女）と再婚したが、彼女は馬車の転覆事故で死に、三度目の妻として父フィリップ4世の弟エヴルー伯ルイの娘ジャンヌが王妃となったが、3人の娘だけを残してシャルルのほうが死んでしまったのである。こうしてカペー家の直系は断絶してしまい、フィリップ4世が娘を英国王に嫁がせていたことが意味を持ち出したのである。百年戦争の幕開けである。

ルイ10世家族 父フィリップ4世、母ジャンヌ・ド・ナヴァル、妻①マルグリット・ド・ブルゴーニュ（ブルゴーニュ公ロベール2世の娘）、②クレマンス・ド・オングリー（カルロ・マルテッロ・ダンジューの娘）、子ジャン1世、ジャンヌ（ヴァロワ朝成立時にナヴァル女王。エヴルー伯ルイの子フィリップ・デヴルーと結婚。娘ブランシュがフィリップ6世妃）。

ジャン1世家族 父ルイ10世、母クレマンス・ド・オングリー。

フィリップ5世家族 父フィリップ4世、母ジャンヌ・ド・ナヴァル、妻ジャンヌ・ド・ブルゴーニュ（ブルゴーニュ伯オトン4世の娘）、子ジャンヌ（ブルゴーニュ公ウード4世夫人）など。

シャルル4世家族 父フィリップ4世、母ジャンヌ・ド・ナヴァル、妻ブランシュ・ド・ブルゴーニュ（兄フィリップ5世妃の妹）、②マリ・ド・リュクサンブール（神聖ローマ皇帝ハインリヒ7世の娘）、③ジャンヌ・デヴルー（フィリップ4世の弟であるエヴルー伯ルイの娘）、子ブランシュ（フィリップ6世王子のオルレアン公夫人）など。

コラム 6

中世以降のフランス文化年表

世紀	教育など	宗教	文学・思想	絵画	建築	音楽
6		(ベネディクトゥスがモンテカッシーノ修道院)	トゥールのグレゴリウス『フランク人の歴史』		(ラヴェンナの教会群)	(グレゴリオ聖歌)
7		サン・ドニ修道院創立	パピルスから羊皮紙へ			
8	アルクィンなどによるカロリング・ルネサンス	(東ローマで偶像崇拝禁止)(ボニファティウスがドイツで布教)(教皇権確立)			(コルドバのメスキータ)(アーヘンの礼拝堂)	
9			『ストラスブール誓文』(最古のフランス語)			『聖女ユーラリアの頌歌』
10		クリュニー修道院設立。シルヴェステル2世教皇に			サン・マルタン・デュ・カニグー修道院	
11	(ボローニャ大学)	(東西教会分裂)十字軍。シトー派修道院。スコラ哲学起きる	『ロランの歌』などの武勲詩。トルヴァドゥールなど吟遊詩人活躍	『バイユーのタピスリー』	サン・セルナン教会。サンティレール・ル・グラン教会(ポワチエ)(ロンドン塔)	
12	パリ大学創立	アベラール活躍。カタリ派の活動盛ん	『トリスタンとイズー物語』		ヴェズレーの教会(ロマネスク)。サン・ドニ教会内陣	
13	モンペリエ大学創立	トマス・アクィナス『神学大全』	『ばら物語』	(ジオットが活躍)	シャルトルの大聖堂(ゴシック)。ノートルダム・ド・パリ。カルカソンヌの城塞都市	

*( )内は近隣諸国の動向。

14	王室図書館目録作成	アニャーニ事件。ユダヤ人襲撃（ポグロム）。アヴィニョン捕囚	『聖王ルイ伝』（ダンテ『神曲』）		（ピサの斜塔）（アルハンブラ宮殿）	マショー『ノートルダム・ミサ』（最初の多声音楽）
15	フランス人文主義。印刷業勃興		フロワサール『年代記』	『一角獣と貴婦人』のタピスリー。フランドル派隆盛	（フィレンツェの大聖堂）	
16	コレージュ・ド・フランスの設立。公文書におけるフランス語義務化	宗教改革。ユグノー戦争。ナントの勅令	ラブレー『ガルガンチュア物語』。ノストラダムス『諸世紀』。モンテーニュ『エセー』	ダ・ヴィンチ来仏。『ガブリエル・デストレとその妹』（フォンテンブロー派）	ロワールの城館（パラディオの諸建築）	ジョスカン・デ・プレ。ジャヌカン。イタリア劇団訪仏。宮廷バレエ始まる
17	最初の新聞発行。サロン。アカデミー・フランセーズ創立。カフェ誕生	フランス教会の自立宣言。ジャンセニスム	コルネイユ、モリエール、ラシーヌなど活躍。デカルト『方法序説』。パスカル『パンセ』。ラ・フォンテーヌ『寓話』	ルーベンス『マリ・ド・メディシスの生涯』	リュクサンブール宮殿。ヴェルサイユ宮殿。ヴォー・ル・ヴィコント城	（モンテヴェルディらのバロック音楽）
18	士官学校・土木学校設立（革命前）。理工科学校・高等師範学校の設立（革命後）	フリーメーソン流行。政教分離が進む	モンテスキュー『法の精神』。ヴォルテール『哲学辞典』。ルソー『社会契約論』。『百科全書』。プレヴォ『マノン・レスコー』	ヴァトー『シテール島への船出』。ラ・トゥール『ポンパドゥール夫人の肖像』	アンヴァリッド。コンコルド広場。プティ・トリアノン宮殿。パンテオン	リュリ『愛の勝利』。クープラン『コレルリ讃歌』。ラモー『優雅なインドの人々』。モーツァルト来仏
19	リセの設立。小学校の非宗教・無償・義務化	教会との政教協約	ユゴー『レ・ミゼラブル』。スタンダール『赤と黒』。ゾラ、バルザック、ボードレールなど	アングル（古典派）、ドラクロワ（ロマン派）、ミレー（自然主義派）、モネ（印象派）など	凱旋門。オペラ座。エッフェル塔。アール・ヌーヴォー流行	ロッシーニ、マイアベア、ショパン、ベルリオーズ、グノー、ドビュッシーなど活躍
20	ENAの設立。5月革命	政教分離法。イスラムとの対立	ロマン・ロラン『ジャン・クリストフ』、カミュ『異邦人』、サルトルの実存主義など	マティス、ピカソ、ブラック、ルオーなど	アール・デコ流行。ル・コルビュジェ『ロンシャンの教会』。ポンピドゥー・センター	ラヴェル『ボレロ』。ストラヴィンスキー『春の祭典』。メシアン『アッシジの聖フランチェスコ』

第4章 百年戦争とルネサンスの美女たち

——ヴァロワ朝——

国王〈在位期間〉	出来事
フィリップ6世〈1328−1350〉	エドワード3世がガスコーニュに関して臣従を約束(29)。スコットランド王がフランスに亡命(34)。ガスコーニュを英国王から没収。エドワード王はフランス王位を要求(37)。百年戦争始まる(39)。ブルターニュ継承戦争起きる(41)。全国三部会を招集。クレシーの戦いで英国軍に敗北(46)。カレーを英国が占領(47)。ペストの大流行とユダヤ人虐殺(48)。ドーフィネ領を購入(49)。
ジャン2世〈1350−1364〉	ポワチエの戦いでエドワード黒太子に敗北、ジャン王捕虜となる(56)。エチエンヌ・マルセルのパリ蜂起(58)。領土割譲を条件にジャン王解放される(60)。フィリップ豪胆公がブルゴーニュ公に(63)。ジャン2世英国で死去(64)。
シャルル5世〈1364−1380〉	英国との戦闘再開。デュ・ゲクラン活躍(69)。ブリュージュの和議で英国領縮小(75)。教皇のアヴィニョン捕囚終わる(77)。
シャルル6世〈1380−1422〉	直接税タイユ創設。フィリップ豪胆公がフランドルを獲得(84)。シャルル王に代わり、側近官僚(マルムーゼ派)を追放したブルゴーニュ公が実権(92)。王女イザベルとリチャード2世の結婚(96)。ブルゴーニュ公がジャン無畏公に(04)。オルレアン公ルイの暗殺(07)。アルマニャック派が結成されブルゴーニュ派と抗争(10)。アザンクールの戦いで英国軍に敗れる(15)。ブルゴーニュ公ジャン暗殺されフィリップ善良公に(19)。トロワの和議でヘンリー5世と娘カトリーヌを結婚させ王位継承者に(20)。
シャルル7世〈1422−1461〉	ジャンヌ・ダルクがオルレアンを解放。ランスで戴冠(29)。ジャンヌ・ダルク焚刑に。ヘンリー6世が仏王として戴冠(31)。ブルゴーニュ公と和解(35)。ブールジュの国事詔勅で教会への監督権を確立。ハプスブルク家の帝位世襲化(38)。財政家ジャック・クール失脚(51)。ボルドー降伏し百年戦争終わる(53)。このころイタリアでルネサンス全盛。
ルイ11世〈1461−1483〉	ルシヨン獲得(62)。大諸侯たちによる「公益同盟」(64)。ブルゴーニュ公シャルル突進公襲封。リヨンで絹織物盛んに(67)。シャルル突進公敗死し、ブルゴーニュ、ピカルディは国王に戻るが、フランドルなどは娘の嫁ぎ先ハプスブルク家に(77)。アンジュー家が断絶し、プロヴァンスやメーヌが王領に(80~81)。
シャルル8世〈1483−1498〉	姉アンヌ・ド・ボージュー摂政に(84)。アンヌ・ド・ブルターニュと結婚(91)。グラナダ陥落と米大陸到達(92)。イタリア戦争始まる(94)。ナポリに入城するも短期占領で帰国(95)。

ルイ12世〈1498－1515〉	ジャンヌ・ド・フランスと離婚（98）。アンヌ・ド・ブルターニュと再婚。ミラノ占領（99）。ナポリのスペインによる支配を認める（04）。対仏神聖同盟が結成される（11）。
フランソワ1世〈1515－1547〉	マリニャーノの戦いで勝利しミラノを回復（15）。ボローニャ和議で高位聖職者の仏王任命権を認められガリカニスム確立。レオナルド・ダ・ヴィンチを招聘（16）。ルターの宗教改革（17）。皇帝選挙に出馬するがカール5世が選出。シャンボール城の建設（19）。ヘンリー8世との金襴陣営の会見（20）。パヴィアでカール帝の捕虜となる（25）。解放される（26）。カンブレの和議でブルゴーニュの領有確認（29）。コレージュ・ド・フランス創設（30）。新教徒弾圧開始。ヘンリー8世英国教会を設立（34）。オスマン・トルコと同盟。ジャック・カルチエがカナダ探検（35）。カルヴァン『キリスト教綱要』（36）。フランソワとカールが南仏エグ・モルトで会見（38）。フランス語を公用語として使用強制（39）。トリエント公会議始まる（45）。
アンリ2世〈1547－1559〉	カルヴァン派を禁止（51）。ギーズ公がメッスで皇帝軍撃退（52）。カール5世退位（56）。サン・カンタンの戦いで敗れる（57）。ギーズ公がカレーを奪還。王太子フランソワがメアリー女王と結婚（58）。カトー・カンブレジ条約でメッスなどを獲得しサヴォワとピエモンテを放棄してイタリア戦争終結。騎馬槍試合で事故死。ノストラダムスが予言したとの説も（59）。
フランソワ2世〈1559－1560〉	ギーズ家の影響力が強まる。ミシェル・ド・ロピタルが大法官となり新旧両教徒の和解につとめる。このころ、煙草が伝わる（60）。
シャルル9世〈1560－1574〉	カトリーヌ・ド・メディシスが摂政に（60）。ポワシーでの新旧両教徒会談（61）。サン・ジェルマン王令で都市外での新教徒礼拝公認。ヴァシーの新教徒虐殺（62）。シャルル王と母后が国内大巡幸。ルシヨン王令で年の始まりが正月に（64）。ミシェル・ド・ロピタル解任。コンデ親王らラ・ロシェルに籠城。オランダ独立戦争始まる（68）。レパントの海戦（71）。ナヴァル王アンリと王妹マルグリット結婚。聖バルテルミの虐殺（72）。王弟アンリがポーランド王に（73）。
アンリ3世〈1574－1589〉	ポーランドから帰国（74）。ギーズ公アンリが旧教同盟結成（76）。王弟アンジュー公が没しナヴァル王アンリが王位継承権者に（84）。3アンリの戦い始まる（85）。ギーズ公アンリがパリに入城するが、アンリ3世の刺客にブロワ城で暗殺される（88）。

カペー家系図

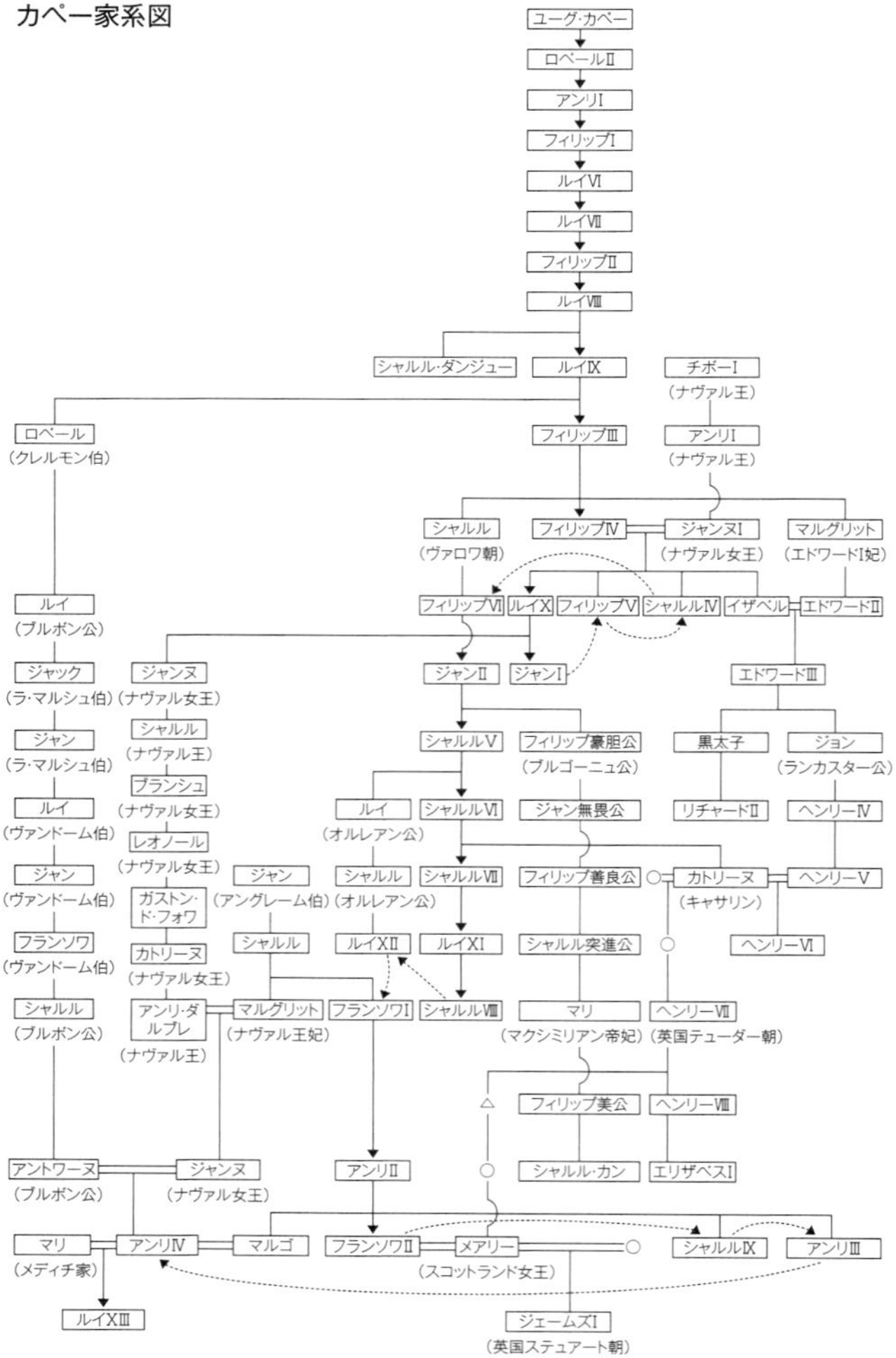
ユーグ・カペー
ロベールII
アンリI
フィリップI
ルイVI
ルイVII
フィリップII
ルイVIII
シャルル・ダンジュー
ルイIX
チボーI
（ナヴァル王）
ロベール
（クレルモン伯）
フィリップIII
アンリI
（ナヴァル王）
シャルル
（ヴァロワ朝）
フィリップIV
ジャンヌI
（ナヴァル女王）
マルグリット
（エドワードI妃）
ルイ
（ブルボン公）
フィリップVI
ルイX
フィリップV
シャルルIV
イザベル
エドワードII
ジャック
（ラ・マルシュ伯）
ジャンヌ
（ナヴァル女王）
ジャンII
ジャンI
エドワードIII
ジャン
（ラ・マルシュ伯）
シャルル
（ナヴァル王）
シャルルV
フィリップ豪胆公
（ブルゴーニュ公）
黒太子
ジョン
（ランカスター公）
ルイ
（ヴァンドーム伯）
ブランシュ
（ナヴァル女王）
ルイ
（オルレアン公）
シャルルVI
ジャン無畏公
リチャードII
ヘンリーIV
ジャン
（ヴァンドーム伯）
レオノール
（ナヴァル女王）
ジャン
（アングレーム伯）
シャルル
（オルレアン公）
シャルルVII
フィリップ善良公
カトリーヌ
（キャサリン）
ヘンリーV
フランソワ
（ヴァンドーム伯）
ガストン・ド・フォワ
シャルル
ルイXII
ルイXI
シャルル突進公
ヘンリーVI
シャルル
（ブルボン公）
カトリーヌ
（ナヴァル女王）
アンリ・ダルブレ
（ナヴァル王）
マルグリット
（ナヴァル王妃）
フランソワI
シャルルVIII
マリ
（マクシミリアン帝妃）
ヘンリーVII
（英国テューダー朝）
フィリップ美公
ヘンリーVIII
アントワーヌ
（ブルボン公）
ジャンヌ
（ナヴァル女王）
アンリII
シャルル・カン
エリザベスI
マリ
（メディチ家）
アンリIV
マルゴ
フランソワII
メアリー
（スコットランド女王）
シャルルIX
アンリIII
ルイXIII
ジェームズI
（英国ステュアート朝）

矢印は王位継承順を示す。破線は親子以外での継承を示す。○は男性、△は女性。

イギリス王家系図

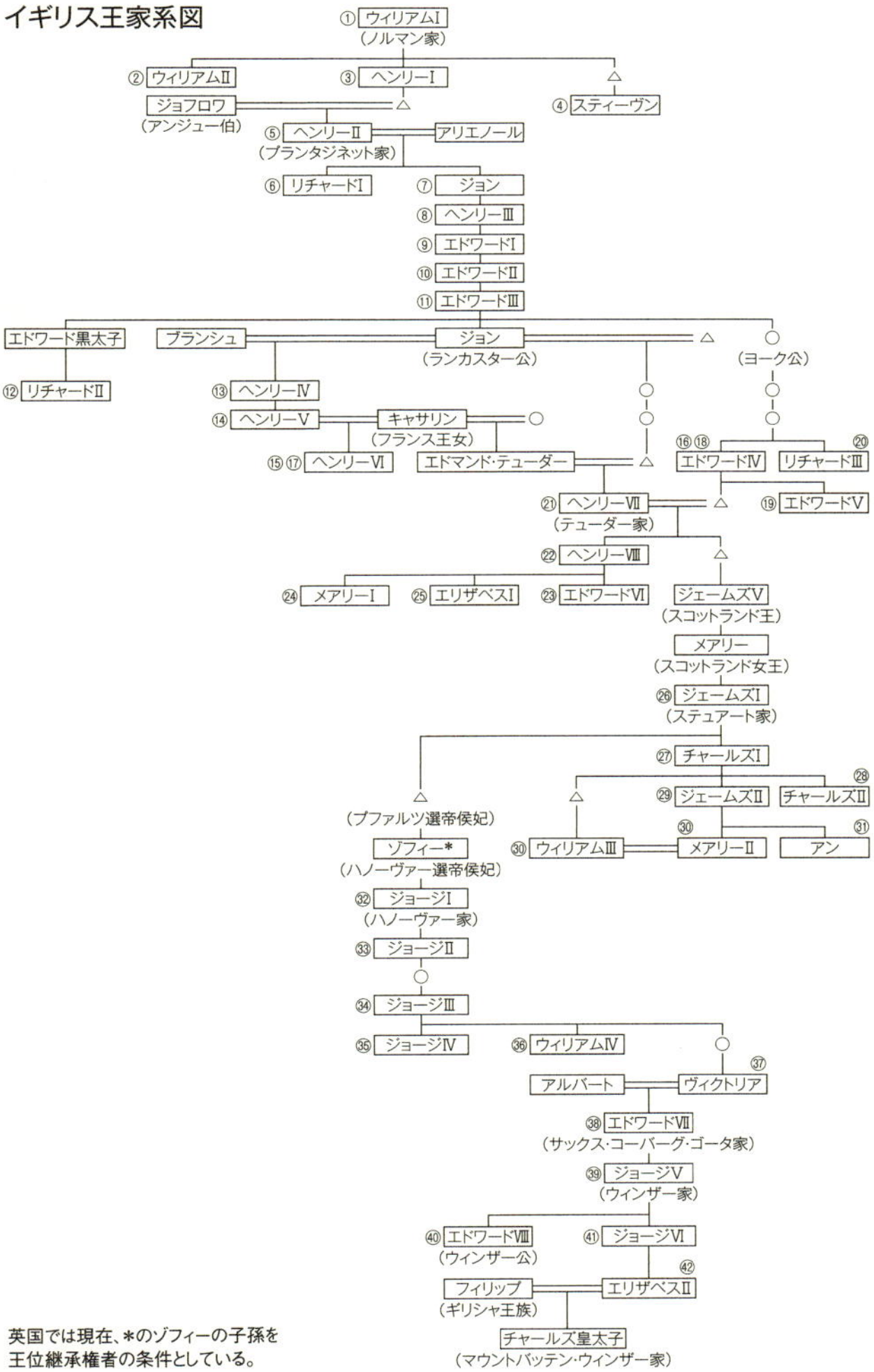

①ウィリアムⅠ
(ノルマン家)
②ウィリアムⅡ
③ヘンリーⅠ
④スティーヴン
ジョフロワ
(アンジュー伯)
⑤ヘンリーⅡ
(プランタジネット家)
アリエノール
⑥リチャードⅠ
⑦ジョン
⑧ヘンリーⅢ
⑨エドワードⅠ
⑩エドワードⅡ
⑪エドワードⅢ
エドワード黒太子
⑫リチャードⅡ
ブランシュ
ジョン
(ランカスター公)
(ヨーク公)
⑬ヘンリーⅣ
⑭ヘンリーⅤ
キャサリン
(フランス王女)
⑮⑰ヘンリーⅥ
エドマンド・テューダー
⑯⑱エドワードⅣ
⑳リチャードⅢ
⑲エドワードⅤ
㉑ヘンリーⅦ
(テューダー家)
㉒ヘンリーⅧ
㉔メアリーⅠ
㉕エリザベスⅠ
㉓エドワードⅥ
ジェームズⅤ
(スコットランド王)
メアリー
(スコットランド女王)
㉖ジェームズⅠ
(ステュアート家)
㉗チャールズⅠ
㉙ジェームズⅡ
㉘チャールズⅡ
(プファルツ選帝侯妃)
ゾフィー*
(ハノーヴァー選帝侯妃)
㉚ウィリアムⅢ
㉚メアリーⅡ
㉛アン
㉜ジョージⅠ
(ハノーヴァー家)
㉝ジョージⅡ
㉞ジョージⅢ
㉟ジョージⅣ
㊱ウィリアムⅣ
㊲ヴィクトリア
アルバート
㊳エドワードⅦ
(サックス・コーバーグ・ゴータ家)
㊴ジョージⅤ
(ウィンザー家)
㊵エドワードⅧ
(ウィンザー公)
㊶ジョージⅥ
㊷エリザベスⅡ
フィリップ
(ギリシャ王族)
チャールズ皇太子
(マウントバッテン・ウィンザー家)

英国では現在、*のゾフィーの子孫を
王位継承権者の条件としている。

英仏百年戦争が始まる

【フィリップ6世】
Philippe VI

▼女系での王位を求めて英国王エドワード3世が立つ

誕生 1293年
即位 1328年(35歳)
死去 1350年(57歳)

『考える人』とともに、フランスの彫刻家オーギュスト・ロダンの最高傑作として人気が高い『カレーの市民』という作品がある。オリジナルの群像はカレー市の広場に置かれているが、正規の手続きで複製されたものが国立西洋美術館と静岡県立美術館にあるし、倉敷市の大原美術館の正面玄関では、群像のうち市の鍵を手にしたジャン・デール像を抜き出したものが来客を迎える。

英仏百年戦争を始めた英国王エドワード3世は、フランス側のドーヴァー海峡に臨む橋頭堡であるカレーの町を包囲した。市民は1年間にわたって英雄的な抵抗を続けたが、フランス王フィリップ6世の救援はめどがたたず、ついに「主だった6人の市民が、裸足のまま、帽子なしで、首に縄を巻き、城壁の鍵を持って差し出せば、市民たちの命を助ける」という英国王の要求を呑むことになった。これは6人の死を意味したが、彼らは英雄的にこの役割を引き受けた。この「義民」たちを称えるために、5世紀ののちにロダンが作成したのがこの群像である。

フィリップ6世は、父ヴァロワ伯シャルルがフィリップ4世の弟であり、シャルル4世の従兄弟であった。シャルル4世が死んだときに王妃ジャンヌは身ごもっており、それが男子か女子かを待つ必要があったので、フィリップ6世が摂政となったことがあとで好都合になった。

すでに、長身王フィリップ5世の即位のときに、『サリカ法典』を持ち出して男系相続を絶対のものとしていたが、完全に確立していたわけではなく、フィリップ6世は少し遠縁にすぎる印象もあった。だが、フランス人は外国人の王を望まなかったから、その援用は支持された。

エドワード3世もこれをいったん受け入れ、ギュイエンヌ公としてフランス王に臣従することも受け入れた。だが、スコットランド王デイヴィッドの亡命をフィリップ6世が認めたものだから対立が激化し、フィリップは難癖をつけて英国王がルイ9世から与えられていたガスコーニュまでを没収してしまった。怒ったエドワードは掌を返して、フランス王の正統な継承権があると言い出し、戦いを始めた。これが、英仏百年戦争の発端である（1337年）。そこに、ブルターニュ公国の継承問題や、貿易を通じて英国とのつながりが深いフランドル地方の内紛もあって、ことを複雑化させた。

本来は兵力においてフィリップの優位が明らかだったが、フィリップは「派手で、衝動的で、良い側近者がなく、戦争というものを、かんじんなことは勝利者になることでなく勇気を示し、遊技の規則を守ることにある野外試合みたいに考えていた」（アンドレ・モロワ『フランス史』による)。エドワードは、本来なら英国内で戦費調達の支持を得ることが難しいフランスでの私的な領地確保のための戦いを、王位要求という看板を立てることによって、国民にとって美味しく広汎な利益をもたらす話らしく仕立て上げた。

クレシーの戦いは、日本の戦国時代に終止符を打った「長篠の戦い」のようなものだ。ウェールズとの戦いで150メートル先の甲冑《かっちゅう》を射貫く長弓の威力を発見したエドワードは、これを自らの軍隊の歩兵に持たせていた。フィリップ6世の側にはフランスの諸侯だけでなく、外国の諸侯まで参加して、華やかな甲冑に身を包んで騎乗していたが、雨あられと降る矢の前に、まず馬が倒され、騎士たちも射抜かれて命を落とした。そのなかには、神聖ローマ皇帝カール4世の実父で盲目の騎士として知られたボヘミア王ヨハン・フォン・ルクセンブルクまでいたのである。フランスがこの敗戦にもかかわらず、エドワード3世を王と戴くことにならなかったのは、ペストの大流行のおかげだった。結果、英国軍の動きが鈍くなったからだが、フィリップ6世自身もこの病で死んでしまった。

フィリップ6世家族 父ヴァロワ伯シャルル(フィリップ3世の四男)、母マルグリット・ダンジュー(ナポリ王カルロ2世とハンガリー王女マーリアの娘)、妻①ジャンヌ・ド・ブルゴーニュ(ブルゴーニュ公ロベール2世の娘。ルイ10世妃の妹)、②ブランシュ・ド・ナヴァル(ナヴァル王フィリッ

プ・デヴルーの娘)、子ジャン2世、オルレアン公フィリップなど。

解説 ○カレーの市民たちは、年代記作者フロワサールの庇護者でもあった、英国王妃フィリッパ・オブ・エノー（フランドル貴族出身）の助言で命を救われた。だが、こののち、カレーは英国に占領されつづけて英国人のみが住み、フランスに戻されたのはエリザベス女王の時代である200年以上ものちのことだった。○このころ神聖ローマ皇帝をしばしば出していたルクセンブルク家は、本来の領地はルクセンブルクだが、ボヘミア王も兼ねており、プラハが事実上の帝国の首都であった。

エドワード黒太子と騎士デュ・ゲクラン

【ジャン2世】（善良王《ル・ボン》）
Jean II

▼英国軍がフランス全土を荒らしまわり、騎士たちが最後の輝きを見せる

誕生	即位	死去
1319年	1350年（31歳）	1364年（44歳）

【シャルル5世】（賢明王《ル・サージュ》）
Charles V

▼財政面での制度充実に貢献があり「税金の父」といわれる

誕生	即位	死去
1337年?	1364年（27歳）	1380年（43歳）

英国の王太子は「プリンス・オブ・ウェールズ」（ここでいうプリンスは「大公」と訳され、君主を意味する）を称号とするが、フランスの王太子は「ドーファン」と呼ばれる。フランスの作家スタンダールの生地であり、冬季オリンピックが開催されたこともあるグルノーブル周辺のドーフィネ地方に由来する。これは、フィリップ6世がヴィエンヌ伯からこの領地を購入したときに、ドーファンを王太子の称号として使う条件がついていたためである。

本来はフィリップ6世の子であるジャン2世が初代ドーファンとなるはずだったが、名乗る間もなく国王として即位したので、その子のシャルル5世をもって最初とする。しかも、ジャンは英国軍の捕虜になっていた時期が長く、その間は王太子シャルルが摂政だったこともあるので、このふたりの王の治世はひと続きで論じることが適当だろう。

百年戦争前半の英雄といえば、英国側ではエドワード黒太子、フランス側ではブルターニュ出身の騎士ベルトラン・デュ・ゲクランだ。

エドワード3世の子である黒太子は、皇太子の称号として慣習化された初代のプリンス・オブ・ウェールズである。黒太子の名は鎧の色から来たとも、やり方が汚なかったからともいうが、いずれにせよ、後世になってからのものらしい。

黒太子は、クレシーの戦いに16歳で参加し、10年後のポワチエの戦いには指揮官として完勝した。フランス王ジャン2世を捕虜とし、フランス西部を広く支配下に置いた。ボルドーに宮廷を構え、その豪奢な宴会や槍試合は王にも勝るといわれた。

これに立ちはだかったのが、シャルル5世に元帥にまで抜擢されたデュ・ゲクランである。ブルターニュ公国の内乱で頭角を現し、焦土作戦やゲリラ的な奇襲を得意とする一方、名誉を重んじる騎士道精神の持ち主であった。黒太子と戦い何度も捕虜となったが、粘り強く戦いつづけた。

戦いでは優勢だった黒太子だが、豪奢な生活を賄うための重税や、リモージュ市民3000人をフランス王の軍隊に降伏したことを理由に皆殺しにするといった、残虐な仕打ちへの反発が強かった。エドワードはパリ高等法院に訴えられ、シャルルに英国王領だったガスコーニュを奪う口実を与えた。

こうして戦いは再開されたが、黒太子はスペイン遠征で飲み水に当たってから健康を害し、英国に帰国して父エドワード3世に先立って死んだ。一方、デュ・ゲクランはその後もよく英国軍を抑え、英国王の支配をカレー、シェルブール、ブレスト、ボルドー、バイヨンヌといった都市のみに限定することに成功した。

ジャン2世は勇敢だったが、「善良王」というように、人を信じやすいという意味では善人で、頭が悪く頑固だった。自分の身代わりで英国の捕虜になっていたアンジュー公ルイが脱走したときに、王自身が身代わりの人質として英国に赴き、そこで死んだのは良くも悪くもこの人らしいことだった。

シャルル5世（賢明王）は小男で健康には優れなかったが、賢く学があり、マキャヴェリ的な政治家としての知恵を持っていた。父が捕虜となっていた摂政時代も含めれば20年以上もフランスを治めた。デュ・ゲクランのような人材を広く登用し、必要ならば廻り道もしながら統一国家をつくり、名君のひとりとされている。とくに財政面では、通貨の価値を安定させるとともに、国王として税金を直轄領からだけでなく全国から取る仕組みを曲がりなりにも作り上げた。

ジャン2世家族 父フィリップ6世、母ジャンヌ・ド・ブルゴーニュ、妻ボンヌ・ド・リュクサンブール（ボヘミア王ヨハンの娘。神聖ローマ皇帝カール4世の姉）、②ジャンヌ・ドーヴェルニュ（オーヴェルニュ女伯。初婚はブルゴーニュ公の子フィリップ）、子シャルル5世、ルイ・ダンジュー（ヴァロワ・ダンジュー家の祖。プロヴァンス伯ルネ・ダンジューの祖父）、ベリー公ジャン（『ベリー公のいとも豪華なる時禱書』の発注者）、ブルゴーニュ公フィリップ（豪胆公）、ジャンヌ（ナヴァル王シャルル2世妃）、イザベル（ミラノ大公ジャン・ガレアッツォ・ヴィスコンティ妃。ルイ12世の曾祖母）など。

シャルル5世家族 父ジャン2世、母ボンヌ・ド・リュクサンブール、妻ジャンヌ・ド・ブルボン（ルイ9世の曾孫ブルボン公ピエール1世の娘）、子シャルル6世、オルレアン公ルイ（妻はミラノ大公ジャン・ガレアッツォ・ヴィスコンティの娘ヴァランティーヌ）など。

解説 ○パリでは、市長（プレヴォ・デ・マルシャン。商人総代とも訳す）だったエチエンヌ・マルセルが民主主義の嚆矢（こうし）というべき主張をし、また「ジャックリーの乱」という農民の蜂起もあったが、地方の支持を受けたシャルル5世は事態を収めた。マルセル市長の主張は、部分的には注目すべき思想的先進性があるが、国の統一を完成させることが課題である時期においては、外国を利する だけで現実的妥当性がなかった。○シャルル5世は、

ルーヴル城を宮殿らしく美しい建物とし、新しい城――壁を造った（48ページ「パリの変遷」参照）。

王妃イザボーの裏切り

【シャルル6世】
Charles VI

▼王は心を病み、王妃は王弟と通じ英国王への継承を図る

誕生 1368年
即位 1380年（11歳）
死去 1422年（53歳）

ヨーロッパで王妃となるのは、普通には他国の王女だけである。しかも、側室の子には継承権がない。そこで結婚相手が限られるので、どうしても近親結婚が多くなり、それが遺伝的な問題を引き起こしたりする。また、同じような性格の者が多く出てしまう一因にもなる。

偉大な王だったシャルル5世の妃は、ブルボン家のジャンヌだったが、彼女自身も含めてこの系統には心を病む者が多かった。この形質は、その子シャルル6世に引き継がれ、さらに、その孫である英国王ヘンリー6世も同様だった。しかも、国家にとって困ったことに、彼らは、常に職務不能なのではなく、時折、正常な判断ができなくなるのだった。

もうひとつの悩みの種が、シャルル6世の妃のイザボー・ド・バヴィエール（バイエルン公の娘）だった。美しく妖艶で享楽的だった彼女の放蕩は、王を苦しめ、そして、王子たちの正統性を曖昧にした。

イザボー王妃の情事の相手として噂されたのは、まず、王弟で宮廷の実力者だったオルレアン公ルイだった。これを快く思わず暗殺したのが、王の従兄弟である2代目ブルゴーニュ公ジャン無畏公《サン・プール》である。

オルレアン派では後継者のシャルルにとって舅に当たるアルマニャック伯（南西フランス）が指導者となったのでアルマニャック派と呼ばれ、ブルギニョン（ブルゴーニュ派）と激しい政争を繰り広げた。「アルマニャック」と「ブルゴーニュ」は、それぞれブランディーとワインの名産地なので、グルメにとって憶えやすい対決だ。

この対立でフランス王権が弱体化したのを見た英国王ヘンリー5世は、失ったフランス内の領土の回復を要求し、アルマニャック派主体のフランス軍をカレー南東アザンクールの戦いで撃破した。

しかも、このすぐのちに相次いで王太子が死に、のちのシャルル7世が王太子となったが、母后であるイザボー王妃の乱行ぶりから、本当にシャルル6世の子であるか疑わしかった。しかもこのころ、ブルゴーニュのジャン無畏公が王太子の側近により暗殺され、ブルゴーニュは急速に英国と連携を深めた。

そして、王はトロワ条約を結ばされ、王太子シャルルの廃嫡、王女カトリーヌとヘンリー5

世の結婚、ヘンリー5世をフランス王位継承者とすることが定められた。

シャルル6世家族　父シャルル5世、母ジャンヌ・ド・ブルボン、妻イザボー・ド・バヴィエール（バイエルン公シュテファン3世の娘）、子イザベル（英国王リチャード2世妃）、ルイ（夭折）、ジャン（夭折）、カトリーヌ（英国王ヘンリー5世妃）、シャルル7世など。

解説　○シャルル6世の異常な行動のきっかけはいくつかあるが、仮装舞踏会で王と従者が亜麻と松脂で身体を覆い野蛮人に扮したところ衣裳に火が移り、焼死者まで出した事件もそのひとつだ。

オルレアンの少女ジャンヌ・ダルク

【シャルル7世】（良臣王《ビアン・セルヴィ》）
Charles VII

▼フランスの命脈が尽きるかというときにオルレアンの少女が現れる

誕生	1403年
即位	1422年（19歳）
死去	1461年（58歳）

オルレアンの少女ジャンヌ・ダルクの物語は、フランスという国が外国人の手に落ちようとしていたときに起こった奇跡である。奇跡が起きるのは偶然のときもあるが、滅多にありそうもないことが、それを望む人々の心を追い風として実現する場合も多い。ジャンヌ・ダルクの奇跡は、まさにそういうものなのだ。

ロレーヌ地方のドンレミーという平凡な村のありふれた少女が、夢のなかで大天使聖ミカエルから「王太子に会い、オルレアンを救うように」とお告げを受けたのは、そういうことがあればいいのにという大人たちの話を、なにがしかでも聞いていたから出た言葉であろう。

もし、精神的に不安定な王シャルル6世と、その後継者としてトロワ条約で認められた英国王ヘンリー5世が、19歳という年齢差通りの寿命を生きたのなら、ヘンリー5世はとりあえず、フランス王アンリ2世として即位していたはずだ。

もちろん、先祖たちの言葉であるフランス語が十分に話せなくなり、英語を公文書に使うことを推奨したことが業績とされるヘンリーが、その後もフランス王でありつづけられたかは分からない。あるいは、英国王がフランス王になり、パリで生活することになったら、のちにスコットランド王が英国王になったばかりに独立を失ったスコットランドの悲劇が、英国に起こっていたかも知れない。

だが、とりあえずは、哀れな王太子シャルルが王になれなかったことは間違いない。

ところが、ヘンリー5世は舅シャルル6世に先立ってパリ東郊外のヴァンセンヌで死に、残されたのは生後9か月のヘンリーだった。ヘンリー6世としてまず父の英国王位を継ぎ、祖父であるシャルル6世の死後はフランス王だと宣言もしたが、いかんせん迫力がなかった。

そういうとき、英国軍は、王太子が地盤とするロワール渓谷の上流にある重要都市オルレアンの町を陥落させることこそ、王太子シャルルとアルマニャック派の息の根を止めることになると猛攻撃をかけたのである。

王太子はアルマニャック派の人々に推されて消えずにいたが、なにしろ、本人が本当にシャルル6世の子であるか自信がないのだから迫力がなかった。そこにジャンヌ・ダルクがロワール中流にあるシノン城にやって来て、家臣たちに混じって隠れている王太子を見つけて「貴方が王様の本当のお子様であることを申し上げます」と言ってくれたのだから、何より王太子本人が自信を持った。

そして、『聖霊よ、来たり給え《ヴェニ・クレアトル》』を歌い、「イエス・キリストと聖母の名と百合の花（フランス王家の象徴）の縫い取りをした旗」を掲げてオルレアンの救出に成功した。しかも、英国に占領されているパリでなく、初代クロヴィス王以来、フランス王を聖別する場所というカリスマ性を持つランスへ向かい、戴冠式を執り行うというコロンブスの卵的なアイディアを、巫女のように説得したのだから効果満点だったのだ。

もともと、英国王、それも赤ん坊をフランス王にするなどという構想に無理があったので、一気に流れが変わったのである。英国とブルゴーニュ派は、1431年、ジャンヌ・ダルクを魔女扱いしてルーアンで火炙りにしたが、いったん変わった流れは覆らなかった。

勝利王シャルル7世は、優柔不断の王太子だった過去はすっかり忘れた。「ビアン・セルヴィ」というのが彼のあだ名で、「よく尽くされた」（臣下に恵まれた）という意味だが、家来が立派なだけでなく、人の使い方がなかなか上手だったということでもある。もっとも、ジャンヌ・ダルクに対してもそうであったように、恩知らずであるのも確かだったが、それはしばしば、王者にとっては美徳になるべき性質なのだ。

シャルル7世の時代、国庫は豊かになった。亡国の危機が続いたことが、フランス国家の徴税と支出について寛容な世論をつくったからである。

シャルル7世家族 父シャルル6世、母イザボー・ド・バヴィエール、妻マリ・ダンジュー（アンジュー公ルイ2世とアラゴン王女の娘）、子ルイ11世、ヨランド（サヴォワ公アメデ9世夫人）、マドレーヌ（ナヴァル王子ガストン・ド・フォワ妃。娘カトリーヌがナヴァル女王で、その曾孫がブルボン朝の祖アンリ4世）など、寵姫アニェス・ソレル（ジャン・フーケ画『天使たちに囲まれた聖母子』のモデル。美人であるのみならず優れたファッション・センスで知られ、初めてカットしたダイヤを使用したともいう。水銀で毒殺されるともいわれる）。

解説 ○英国王ヘンリー6世の母であるフランス王女カトリーヌは、のちに、納戸掛のオーエン・テューダーとのあいだにエドモンドという子をつくり、エドモンドとエドワード3世の血を引く女性との子がヘンリー7世となり、現代の英国王室の祖となっている。

ブルゴーニュ家の呪い

【ルイ11世】
Louis XI

▼宿敵ブルゴーニュ公を滅ぼしたが、遺産はハプスブルク家に

誕生 1423年
即位 1461年（38歳）
死去 1483年（60歳）

「金羊毛騎士団勲章《オルドル・ド・ラ・トワソン・ドール》」という、いかにも由緒ありげなものがスペインにある。猛女メディアの夫としても知られるイアソンという英雄が古代グルジアから持ち帰ったという金羊毛皮の伝説に由来する名称で、もともとは、ブルゴーニュ公の騎士団に由来するものだ。

それがどうしてスペイン王室に受け継がれているのかというと、実はここに、その瓦解が二度の世界大戦の原因にまでなった「ブルゴーニュ家の呪い」ともいうべき歴史が隠されている。

前述のように、フランス王国では、次男坊以下に国土の一部を与え、もし、男系が絶えれば本家に戻すという「親王領《アパナージュ》」という制度があった。ルイ11世のころブルゴーニュ公だったのは、善良王ジャン2世の子であるフィリップ豪胆公《ル・アルディ》を初代とする家だった。

当初のブルゴーニュ公領は、豊かではあるが、しょせんはフランスの一部にすぎない。ところが、歴代のブルゴーニュ公は婚姻政策で領地を広げた。ともかく、4代目のシャルル突進公《ル・テメレール》のときには、現在のベルギーやオランダからスイス国境まで獲得し、フランスとドイツの中間で、ブルゴーニュ公国として独立せんばかりになっていたのである（144ページのコラム参照）。

ジャンヌ・ダルクのおかげで国王になったシャルル7世の子のルイ11世は、シャルル突進公と長い戦いを続け、いったんは捕虜になる屈辱も味わったが、最後は、突進公をロレーヌ公ルネとのナンシーの戦いで死に追い込み、ブルゴーニュ公国を滅ぼした。

シャルル突進公には、ひとり娘のマリしか子供がいなかったため、親王領としての原則に従い、ブルゴーニュとピカルディは王家に戻された。こうして、フランスはそのもっとも美しくフランス的な州を取り戻した。だが、フランドルとその周辺は、女系相続が可能だったから20歳のマリのものとなるのを防げなかった。ルイ11世は7歳の息子シャルルとマリを結婚させようとしたが、さすがに無理があり、マリはハプスブルク家のマクシミリアン（のちの神聖ローマ皇帝マクシミリアン1世）に嫁いだ。このことで、フランドル地方はハプスブルク家のものとなり、さらに、運命のいたずらでスペイン王家がブルゴーニュ家の継承者を名乗るようになった。先の金羊毛騎士団勲章もその名残りである。だが、ハプスブルク家もフランス王家もシャルルのすべての遺産をとりもどそうとして呪われたように戦いをつづけるのである。

ルイ11世は早くから父に退位を迫るなど、あらゆる陰謀を試みて嫌われ、騎士道精神などハナから馬鹿にし、英国王エドワード4世やその廷臣に卑屈に貢ぎ物をし、捕虜になれば何でも約束し、解放されればすべて撤回した。「蜘蛛」というあだ名を持ち、「小男で醜くずる賢い」

というのが代名詞の、およそ誰からも愛されない奇人王だったが、商取引を安定させ、フランス王国を強化する術をすべて心得た偉大な王であった。

ルイ11世家族　父シャルル7世、母マリ・ダンジュー、妻①マルグリット・デコス（スコットランド王ジェームズ1世の娘。美人で詩人だったが、関係は疎遠のまま先立った）、②シャルロット・ド・サヴォワ（サヴォワ公ルイとキプロス王女アンヌ・ド・リュジニャンの娘。結婚したときは8歳で、多くの子をなしたが、晩年は夫を亡くしたブルゴーニュ公妃のもとへ追いやられて暮らした）、子アンヌ・ド・ボージュー（ブルボン公ピエール2世夫人。ブルボン家はのちに傍系に移っているので、ブルボン王家は彼らの子孫ではない）、ジャンヌ（ルイ12世妃）、シャルル8世など。

イタリアへの夢を追う

【シャルル8世】Charles VIII

▼ルネサンス最盛期のイタリアに遠征し梅毒を持ち帰る

誕生	1470年
即位	1483年（13歳）
死去	1498年（27歳）

【ルイ12世】Louis XII

▼イタリアでは敗北するがブルターニュをフランスにつなげる

誕生	1462年
即位	1498年（35歳）
死去	1515年（52歳）

航海家コロンブスのアメリカ大陸発見は、煙草、トマト、ジャガイモなどを旧世界にもたらしたが、普及はそれほど早くはなかった。トマトやジャガイモは長いあいだ、観賞用植物でし

かなく、本格的な食用への普及は18世紀になってからだ。

ところが、コロンブスの最悪の土産だったといわれる梅毒は、あっという間に世界に広まり、1512年までには地球をほぼ一周して日本に渡来し、多くの戦国武将の命を奪った。それが全ヨーロッパに広まったきっかけが、その18年前のシャルル8世によるナポリ遠征である。

このころイタリアではルネサンスの花が咲き誇り、アルプスの北の人々を魅了していた。もちろん、十字軍以来の東方への情熱も消えはせず、勝利王シャルル7世の時代に活躍した、フランス中部ブールジュの大商人ジャック・クールは、地中海全域で手広く商売を展開していた。

ナポリではアンジュー家に代わってアラゴン王アルフォンソ5世の子フェルディナンド（カスティーリャ女王イザベルの夫）の支配が行われていたが、祖母を通じてアンジュー家の血を引いていたシャルル8世は、その奪還を狙った。

ルネサンス最盛期のイタリアが、どうして後進国であるフランスやドイツにやすやすと征服されたかといえば、都市国家同士が争い、また、それぞれの都市国家でも複数の勢力が対立し、互いに外国を利用しようとしたからだ。

さらに、東西古今を通じて厄介な存在が亡命者だ。アメリカのブッシュ政権が亡命者に騙され、イラクが大量破壊兵器の開発をしていると思い込み戦争を起こしたといわれるのは記憶に新しいし、ワイドショーで面白おかしく報道される脱北者の話もおよそ信頼できない。それも当然で、彼らは体制が覆らない限りは帰国できないから、デマを流してでも、母国の政権転覆を外国で訴えがちなのだ。

このころフランスの宮廷でも、先進国イタリアから、官僚、技術者、商人、芸術家など、あらゆる分野の人が招かれ生活していた。彼らの多くは母国で悪い立場になって、出稼ぎしたり亡命していたのだから、あることないこと取り混ぜて母国への冒険にフランス人たちを誘った。

シャルル8世がリヨンから3万の軍勢とともにアルプスを越えてイタリアに侵入したときに歓迎したのは、教皇アレクサンデル6世とその庶子であるチェーザレ・ボルジア、レオナルド・ダ・ヴィンチのパトロンだったミラノの摂政ルドヴィコ・イル・モーロ、それにフィレンツェの怪僧サボナローラなど錚々《そうそう》たる人たちだった。

アラゴン王子フェルディナンドは嫌われていたから、フランス軍は煌《きら》びやかな騎士姿で大歓迎されながら、イタリアを縦断し、ナポリに入城した。ところが、この軍隊による掠奪《りゃくだつ》に、イタリア人は彼らを呼んだことを後悔しはじめ、やがて、反乱した。

シャルル8世はロワール渓谷にあるアンボワーズ城に逃げ帰る羽目になったが、それでもフランス人たちはイタリアに魅了され、戦利品に酔った。フランスにとって、戦略的にはイタリアよりフランドル地方のほうが大事だったはずだが、この時代から半世紀ほど、フランス人たちはイタリアでの領土獲得を、何より優先的な課題とみなしたのである。

シャルル8世は即位したときまだ13歳だったので、姉のアンヌ・ド・ボージューとその夫だったブルボン公が摂政となった。最初の許嫁《いいなずけ》は、ハプスブルク家のマクシミリアンとマリ・ド・ブルゴーニュを両親とするマルグリットで、彼女はフランスの宮廷で育てられ、祖父シャルル突進公から受け継いだ領土のうち、アルトワとフランシュ・コンテを嫁資としてフランスにもたらすはずだった。

だが、厄介な問題は、マリの死によって鰥夫《やもめ》となったマクシミリアンが、ブルターニュの女相続人アンヌ・ド・ブルターニュと再婚しようとしたことだった。フランスは東西からハプスブルク家にはさまれることを恐れ、アンヌ・ド・ボージューは四万の軍隊を差し向けて、ブルターニュ女公アンヌと弟シャルルとの結婚を承諾させた。マルグリットは紆余曲折ののちにフランドルに送り返された。シャルル8世が婚約破棄してブルターニュを確保したのは大きな実りをもたらしたが、それで失ったものも大きかった。

それでも、シャルル8世とアンヌは愛し合い幸福な年月を過ごしたが、シャルル8世はポーム（テニス）場に急ぐあまり、アンボワーズ城の城門に頭をぶつけて27歳で死んでしまった。

映画『ベニスに死す』『山猫』『夏の嵐』といった作品で知られるルキノ・ヴィスコンティという映画監督がいた。14世紀から15世紀にかけてミラノ大公だった家系に属する貴族で、いかにもそれらしい豪奢な作風で人気があった。

そのヴィスコンティ家の全盛期を築き、イタリア統一まで夢見た英雄に、ジャン・ガレアッツォ・ヴィスコンティがあった。その娘ヴァランティーナが、英仏百年戦争でも活躍したオルレアン公ルイと結婚し、その孫に当たるのがルイ12世だった。

ミラノのヴィスコンティ家は、15世紀にスフォルツァ家に取って代わられたが、ルイ12世はこの血縁を理由にミラノ公国を獲得しようとしたのである。

シャルル8世が若くして事故死したとき、王妃アンヌとの子はすべて夭折していた。ルイ12世は、シャルル8世から見ると、曾祖父であるシャルル6世の弟の孫でしかなかったが、それでもいちばん近い男系の血縁だった。

だが、ここで問題になったのが、シャルル8世の未亡人アンヌ王妃が別の君主と再婚すれば、せっかくのブルターニュとフランスの結合が再び破れてしまうことだった。すでに35歳だった新王ルイはもともと王妃に好意をもっていたから、なんとか、アンヌを引きつづき王妃にしようとした。

そこで、妻でルイ11世の王女であるジャンヌとの結婚は無効とされた。そのための裁判を題材にしたのが、佐藤賢一氏の小説『王妃の離婚』である。

ルイ12世は、祖母の実家ヴィスコンティ家からスフォルツァ家に支配が移っていたミラノ公国を要求してイタリアに出兵し、固執した。一時はこの要求を実現するために、娘のクロードに嫁資としてブルターニュとブルゴーニュの領土をつけてハプスブルク家のシャルル（のちの神聖ローマ皇帝カール5世）に渡そうとまでしたが、国内の反対で中止したほどだった。

だが、イタリア戦争の失敗にもかかわらず、痩身の王ルイ12世は高潔な人柄で「人民の父」と称えられた。王妃アンヌは善良で芸術の保護者だった。この時代、新大陸から流入した金銀のおかげで商業は活発になり、人々は豊かになった。

戦争はアルプスの向こう側で戦われたので、国土の開発は邪魔されることなく進んだ。イタリアからもたらされたルネサンスの花は、フランスの伝統と融合して、ロワールの峡谷に心地よい情感を生み出しはじめていた。

だが、フランス人に心より愛された国王夫妻に男子は生まれなかった。アンヌ王妃がふたりの娘だけを残して亡くなったあと、長女のクロードは、父王ルイ12世の従兄弟の子で第一継承順位のアングレーム伯フランソワ（のちのフランソワ1世）と結婚した。

王の次女ルネは、教皇アレクサンデル6世の娘ルクレツィア・ボルジアを母とするフェラーラ公エルコレ・デステ（2世）と結婚したが、彼女は宗教改革者カルヴァンの理解者としてその名を留めている。その娘のアンナ・デステの数奇な運命については、いずれ語ることとなろう。

シャルル8世家族　父ルイ11世、母シャルロット・ド・サヴォワ、妻①マルグリット・ドートリッシュ（ハプスブルク家のマクシミリアンとブルゴーニュ女公マリの娘。婚約解消後にスペイン王太子フアンと再婚、夫の死によりサヴォワ公フィリベール2世と三度目の結婚）、②アンヌ・ド・ブルターニュ（ブルターニュ女公）。

ルイ12世家族　父オルレアン公シャルル（シャルル5世の孫。詩人として有名）、母マリ・ド・クレーヴ（ブルゴーニュ公フィリップ善良公の姪）、妻①ジャンヌ・ド・フランス（ルイ11世の娘）、②アンヌ・ド・ブルターニュ（ブルターニュ女公。シャルル8世未亡人）、③マリ・ダングルテール（英国王ヘンリー7世の娘。ルイ王は祝宴の数々に疲れ果てて3か月後に病死した。マリは、のちに結婚するサフォーク公チャールズ・ブランドンと恋愛関係にあったので王の早い死をあえて望んだとか、逆に、高齢の王から男子を授かる可能性が少ないので、王位継承予定者であるフランソワを誘惑したともいう）、子クロード（フランソワ1世妃）、ルネ（フェラーラ公エルコレ・デステ2世夫人）。

解説　○シャルル8世とブルターニュ女公アンヌを結婚させるために、まだ子供だったブルゴーニュ女公マルグリットとの婚約は無効とされ、彼女はやがてフランドルに帰った。そののち、スペイン王国のイザベルとフェルディナンド2世の王子であるフアンと結婚したが、半年で夫に先立たれた。三度目の結婚はサヴォワ公国のフィリベール2世とで、サヴォワ家がのちにイタリア王家になる基礎をつくった。さらに、夫の死後は、甥であるシャルル（のちの神聖ローマ皇帝カール5世）の養育、ついでフランドル女総督として活躍することになる。

ダ・ヴィンチがお城にやって来た

【フランソワ1世】
François Ier

▼神聖ローマ皇帝カール5世と戦い、ヨーロッパの覇権を争う

誕生 1494年
即位 1515年（20歳）
死去 1547年（52歳）

ヴェルディの歌劇『リゴレット』の舞台は北イタリアで、『女心の歌』はマントヴァ公役のテノールのアリアである。しかし、原作はヴィクトル・ユゴーの小説『王は愉しむ《ル・ロワ・サミューズ》』であり、主人公はフランソワ1世である。

フランソワは、陰険だが有能な策略家であった母后のルイーズ・ド・サヴォワと、『デカメロン』のフランス版といわれる『エプタメロン』の作者である姉マルグリットの手によって、陽気で自由奔放だが魅力的な若者として育てられた。

『リゴレット』のマントヴァ公のように退廃的な愉しみを非難されたが、その謙虚さがゆえに敬愛された前王ルイ12世とは正反対の、若々しい活力で人々を魅了した。

彼のライバルが、ハプスブルク家のシャルルだった。ハプスブルク家伝来の所領のほかに、

父方の祖母であるブルゴーニュ家から受け継いだフランドル地方を継承しただけで十分に強力な君主だった。だが、スペイン王位をイザベルとフェルナンドから引き継ぐはずの伯父ファンの早世は、母后であるファアナ（「ファナティック」の語源になったといわれることもあるが怪しい）を通じ、スペインの王冠（カルロス1世と通称される）やその植民地たる南米、アラゴン王国のイタリア領地であったナポリやシチリアまでをもこの貴公子に集めてしまった。

しかし、フランドル地方ガン（ゲント）で生まれたシャルルはフランス語を母国語とし、自分が現実に支配するいかなる領地より、曾祖父でありその名を引き継いだシャルル突進公の本拠だったブルゴーニュのディジョンを欲した。

シャルルは、フランソワのような健康や容姿には恵まれず、いつも口を空いていたが、思索力に富み、意志は強固だった。フランソワはハプスブルク家が強力になりすぎるのをドイツ諸侯も嫌うと考えて、選帝侯たちの投票で選ばれる神聖ローマ皇帝に立候補した。その野望は実現せず、シャルルが神聖ローマ皇帝カール5世として即位した（フランス語で「シャルル・カン」と通称される。この選挙を題材に、ヴィクトル・ユゴーは戯曲『エルナーニ』を書いた）。だが、フランソワは、英国王ヘンリー8世や、オスマン皇帝スレイマン1世と結んで、シャルル・カンと戦った。

ミラノ公国へのルイ12世の要求を引き継いでイタリアに遠征したが、パヴィアでシャルル・

カンの捕虜となった。スペインで幽囚の身となったフランソワは、ブルゴーニュ地方をシャルルに譲り渡す約束をさせられたが、フランス人の民族意識と、皇帝が強力になりすぎるのを嫌った教皇クレメンス7世の支持でこれを無効にすることに成功した。

結局、イタリアからは撤退せざるを得なかったが、ミラノからレオナルド・ダ・ヴィンチが『モナリザ』を携えてロワール渓谷にあるアンボワーズ城にやってきたのは、フランス国民にとってのちのち史上最大の戦利品となった。

ユマニスト（ヒューマニスト）たちに育てられた王は、自身に学識があったわけでないが、学術を保護し、コレージュ・ド・フランスの前身を創った。フォンテーヌブローに美しい宮殿を建て、フランソワ王とその宮殿は、フランス・ルネサンスの輝かしい思い出としてフランス人に愛しつづけられている。

フランソワ1世家族 父アングレーム伯シャルル・ドルレアン（シャルル5世の曾孫。ルイ12世の従兄弟）、母ルイーズ・ド・サヴォワ（サヴォワ公フィリップ2世の娘）、妻①クロード・ド・フランス（ルイ12世とアンヌ王妃の娘）、②エレオノール・ド・アプスブール（神聖ローマ皇帝カール5世の姉。ポルトガル王マヌエル1世未亡人）、子アンリ2世、マドレーヌ（スコットランド王ジェームズ5世妃）、マルグリット（サヴォワ公エマニュエル・フィリベール夫人）など。

解説 ○フランソワ1世のもうひとつの遺産はカナダだ。ブルターニュの美しい城塞都市サン・マロの探検家ジャック・カルチエが、王に支援されてケベック植民地の基礎を築いた。

20歳年上のディアーヌへの純愛

【アンリ2世】
Henri II

▼ディアーヌ・ド・ポワチエに少年時代から変わらぬ愛を捧げる

誕生 1519年
即位 1547年（28歳）
死去 1559年（40歳）

「月の女神」にちなむ名を持つディアーヌ・ド・ポワチエは、アンリ2世より20歳も年上で礼儀作法の家庭教師だった。貴族の娘でシャルル7世の孫と結婚し、30歳を少し過ぎて未亡人となったのちは、黒い、のちには白や灰色も使ったが、モノトーンの喪服で過ごした。

クールな美貌を持ち、沈着で野心的な女性だった。少年アンリは「理想の貴婦人」を彼女に見出し、その情熱はアンリが40歳で不慮の死を迎えるまで続いたが、60歳になっていたディアーヌの美貌はなお、衰えを知らなかった。

アンリ2世は、寡黙で聡明だが柔軟性には乏しかった。父王フランソワ1世の周辺には妹のマルグリットなど新教徒に理解を示す人々も多かったが、アンリ2世のころになると、王妃のカトリーヌ・ド・メディシスなども含め、カトリック色が強まった。

また、このころ、ロレーヌ家の分家であるギーズ家が勇猛な将軍を輩出して重きを成すようになっていたが、そのことは、次のフランソワ2世の項で説明しよう。

アンリ2世時代の最大の外交的出来事は、1559年のスペイン王国とのあいだのカトー・カンブレジ条約である。イタリアのミラノ、ナポリ、シチリア、サルデーニャなどをスペインが領することを認める代わりに、フランスはドイツからフランスを防衛するために不可欠なメッス、トゥール、ヴェルダンを得た（183ページ「フランス国境の変遷」参照）。

スペイン王フェリペ2世は、二番目の妻だった英国女王メアリーが死んだので、もともとは自らの王太子の許嫁だったアンリ2世の王女エリザベートと結婚した。シラーの戯曲とヴェルディのオペラ『ドン・カルロ』で知られるエピソードだ。

そして、この結婚を祝うために、アンリ王は騎馬槍試合に臨んだ。甲冑に身を包んで槍で相手を叩き落とすゲームに危険はないはずだったが、若武者モンゴメリーの槍は兜の小さな隙間から王の眼球を貫いた。アンリ王は10日のあいだ生き、ディアーヌの名を呼んだという。だが、王妃カトリーヌはこうなって初めて王を我がものとして独占することができた。注意深く記録に留めておいた王からディアーヌへの贈り物の返却を要求し、彼女を美しいシュノンソーの城館からも追い出したのである。

アンリ2世家族 父フランソワ1世、母クロード・ド・フランス、妻カトリーヌ・ド・メディシス（ウルビーノ公ロレンツォ2世の娘）、子フランソワ2世、エリザベート（スペイン王フェリペ2世妃）、クロード（ロレーヌ公夫人）、シャルル9世、アンリ3世、マルグリット（アンリ4世妃）、フランソワ（アランソン公、アンジュー公）など、寵姫ディアーヌ・ド・ポワチエ。

解説 ○全能のシャルル・カン（神聖ローマ皇帝カール5世）は、痛風に悩まされ、すべてを棄ててスペインのユステ修道院に隠棲した。カスティーリャ、アラゴン、ブルゴーニュの遺産は長男のフェリペ2世に譲られたが、オーストリアなどハプスブルク家伝来の領地と皇帝位は、シャルル・カンの弟フェルディナントが引き継いだ。

フランス王妃メアリー・ステュアート

		誕生	即位	死去
【フランソワ2世】 François II	▼スコットランド女王メアリーの夫だが若くして世を去る	1544年	1559年（15歳）	1560年（16歳）
【シャルル9世】 Charles IX	▼母后カトリーヌ・ド・メディシスの摂政と聖バルテルミの虐殺	1550年	1560年（10歳）	1574年（23歳）
【アンリ3世】 Henri III	▼ポーランド王になっていたが、兄の死でフランスに脱出	1551年	1574年（22歳）	1589年（37歳）

英国のエリザベス女王と争って処刑されたスコットランドの美しき女王メアリー・ステュアートは、若いころフランス王妃だった。

メアリーの父であるスコットランド王ジェームズ5世は初め、フランス王フランソワ1世の王女マドレーヌを妃としたが、すぐに死んだので、ギーズ公クロードの娘マリと再婚した。メアリーは父王が没す6日前に生まれ、ただちにスコットランド女王になったが、英国王ヘンリー8世の圧力で王太子エドワード（のちの6世）と婚約させられ、さらに、ロンドンに拉致されそうになったので、母后はメアリーを海路フランスに送り出した。

そこで美しく聡明に育ったメアリー（マリ）は、やがて、王太子フランソワ（2世）の妃となった。しかも、父王アンリ2世が事故死したので、過激なカトリック派であるギーズ家の血を引くメアリーがフランス王妃になってしまった（メアリーのその後は146ページのコラム参照）。

ギーズ家の人々は、神の名のもとに思いのままに国政を壟断《ろうだん》したが、死の神は彼らに味方しなかった。少年王フランソワ2世はもともと咽頭扁桃肥大症で、慢性的に中耳炎を患っていたが、在位わずか1年半にして重病に陥り、医師団への脅迫も祈禱行列も功を奏せず、2歳年上の美しいメアリーを残してあの世に旅立った。

母后カトリーヌ・ド・メディシスの名は、「聖バルテルミの虐殺」の血なまぐささとともに記憶されている。だが、彼女の結婚により、フィレンツェの料理法が持ち込まれたことから、フランス料理の恩人としては、誰もが認める存在だ。

カトリーヌはロレンツォ・デ・メディチ（イル・マニーフィコ）の曾孫であり、母はフランス・オーベルニュ地方の貴族の出だった。ロレンツォの甥であった教皇クレメンス7世の仲介で、フランソワ1世の次男アンリ（2世）と結婚したときは、アンリの兄であるフランソワが存命だったが、早死にしたので王太子妃に成り上がった。

カトリーヌは美しくはなかったし、寵姫ディアーヌ・ド・ポワチエに王の愛は独占されたが、健康で多くの子供に恵まれた。ルネサンス最盛期の高い文化をフィレンツェから持ち込んだが、同様にマキャヴェリ的な陰謀と匕首《あいくち》と毒薬も一緒だった。

彼女はイタリア人的な現実主義で、旧教徒（カトリック派）と新教徒（プロテスタント派）の共存が可能だと信じ、知恵の限りを尽くした。だが、誰も満足させることはできず、宗教戦争の泥沼のなかで苦しみながら死んだ。彼女は「しばしば、王妃として命令すべき相手に、母として話し合おうとして失敗した」（ピエール・ガクソット『フランス人の歴史』による）と批判される。生まれながらの王侯でないがゆえの弱さだったのだろう。

カトリーヌの息子のうち、最初に王となったフランソワ2世は15歳になっていたので慣例により成年と見なされ、ギーズ家に操られながら親政を行った。一方、弟のシャルル9世は即位のときに10歳だったので、母后カトリーヌが摂政とされた。

ギーズ公クロードの嫡男フランソワの暗殺などで両派が対立するなかで、和解を図ろうとしたカトリーヌは、娘のマルグリット（マルゴ王妃）と、ユグノー（カルヴァン派新教徒）の首領で、彼女の子供たちの男系が絶えたときには最優先の王位継承者となるべきナヴァル王太子のアンリ・ド・ブルボンと婚約させた（家族関係は次章で説明）。

この結婚式のために新旧両教徒の有力者たちがパリに集まってきたが、何かが起こることは容易に予想できた。そして、ノートルダム大聖堂前の広場で（新教徒であるため内陣にアンリは入らなかったので）執り行われた結婚式の4日後に、ユグノーの領袖コリニーが狙撃された。

ユグノーたちが復讐を要求し暴発寸前となったのを見て、愛想はよいが愛犬を平気で殺すなど残虐な趣味があったシャルル9世は、カトリック派の側に立ってユグノーたちの殺戮《さつりく》を命じた。このとき、カトリーヌとシャルルどちらが主導権を取ったかは謎だが、もはや運命共同体として動くしかなかった。

狙撃事件の翌日である1572年8月23日夜から「聖バルテルミの祝日」である翌日にかけて、ギーズ公フランソワの息子アンリらは、コリニーをはじめ数千人を殺した。ナヴァル王太子アンリは改宗を迫られ、受け入れたので命拾いをした。そして、シャルル9世は、この虐殺を気に病んだがゆえか衰弱して、2年後に世を去った。

さて、『クレーヴの奥方《ラ・プランセス・ド・クレーヴ》』という小説は、ブルボン朝ルイ14世の時代になって、ラファイエット夫人が書いた恋愛小説で、アンリ2世の宮廷を舞台にしている。高齢の夫と結婚した若い美女が、宮廷一の美男子ヌムール公と恋に落ちる。プラトニックな関係に留まるが、夫はこれに悩みつつ亡くなる。晴れて恋人と再婚できるようになった奥方だが、亡夫への申し訳なさから修道院に入る、というような話で、フランス版『源氏物語』の趣がある。

この女主人公は架空の人物だが、ヌムール公は実在の人物だ。ギーズ公フランソワの側近で、その美貌を武器に英国エリザベス女王の夫に立候補させようという動きもあったらしいが、実行に移されなかったという謎めいた逸話があり、これを小説にしたわけだ。

そのヌムール公の想い人は、ギーズ公フランソワ夫人でフェラーラ出身のアンナ・デステ（仏名アンヌ・デスト）だったらしい。アンナの母親はルイ12世の王女ルネで、アンナはギーズ公とのあいだに7人の子がいたが、小説『クレーヴの奥方』と違って、夫の暗殺後にヌムール公と再婚し、3人の子を産んでいる。

このアンナとギーズ公の子アンリ・ド・ギーズが、シャルル9世の弟アンリ・ド・フランス（アンリ3世）、ナヴァル王アンリ・ド・ブルボン（のちのアンリ4世）と、3アンリ《トロワ》の闘いを繰り広げたのである。

シャルル9世が死んだときに、弟のアンリはポーランド王としてクラクフにあった。このころのポーランドでは貴族の力が強く、王は選挙で選ばれ、弱体だった。アンリはポーランド貴族たちに推戴されて王となることになったが、出発するころ、兄のシャルル9世はすでに病にあった。それでも、しぶしぶ出発したアンリだったが、権力掌握は順調でなく、苦境にあるときに兄の死の報せが来た。その4日後にアンリはポーランドを脱出してフランスに戻り、アンリ3世として即位した。

アンリ3世は、長身で優雅で政治についての知識もあったが、皮肉屋で、しかも、同性愛者だとみなされて尊敬を受けなかった。

弟のアンジュー公（アランソン公）フランソワがプロテスタント派と結んだり、幽閉していたナヴァル王アンリが脱走してユグノーに戻るなかで、アンリ3世は、あの聖バルテルミの虐殺から日もたたないのを忘れたかのように彼らに融和的だった。だが、このことが、カトリック派には不人気だった。さらに、即位10年後には王弟アンジュー公フランソワが死んで、王位継承第一候補がユグノーのナヴァル王アンリになってしまった。ここにカトリック派は公然と、ギーズ公アンリを王とする可能性を主張しはじめた。

これを見て、信仰より王位の正統性を守ることを重視したアンリ3世は、ギーズ公をブロワ城に呼び出して、そこで暗殺させ、ナヴァル王アンリを後継者として認知した。カトリック派は、ギーズ公の弟であるマイエンヌ公を王に担ごうとし、ドミニコ会修道士ジャック・クレマンはアンリ3世をカトリック派の敵として暗殺した。

ギーズ公とマイエンヌ公の母であるアンナは息子たちを王とするために戦いつづけたが、その夢は実現しなかった。だが、多くの犠牲ののちにも何人もの子や孫が生き残り、アンリ4世時代の末期まで豪奢な生活を続けた。

アンナはその死後、心臓は最初の夫フランソワのジョワンヴィルにある墓の傍らに、その他の内臓はパリに、遺骸はアヌシーのヌムール公の墓に葬られた。

フランソワ2世家族　父アンリ2世、母カトリーヌ・ド・メディシス、妻マリ・デコス（スコットランド女王メアリー。母はギーズ家出身）。

シャルル9世家族　父アンリ2世、母カトリーヌ・ド・メディシス、妻エリザベート・ドートリッシュ（神聖ローマ皇帝マクシミリアン2世の娘）、子マリ・エリザベット（夭折）、アングレーム公シャルル（庶子。寵姫マリ・トゥーシュが母）。

アンリ3世家族　父アンリ2世、母カトリーヌ・ド・メディシス、妻ルイーズ・ド・ロレーヌ・ヴォーデモン（ロレーヌ公の次男メルクール公ニコラの娘）。

解説　○カトリーヌ・ド・メディシスは、大法官ミシェル・ド・ロピタルが新旧両教徒の融和を図ることを支持した。ポワシーで新旧両派の会議が開かれ、新教徒は自宅での礼拝などが許されることになった。思想家モンテーニュの友人だったミシェル・ド・ロピタルは「もし信仰でも、それが強いられれば、それはもはや信仰ではない」「党派と結社と反乱の名を捨てよう」と訴えた。彼は、公正な討論が信仰の問題を解決すると考えたが、「合理的な人間は、合理的ではない話だが、人は誰でも自分に似ていると信じる」(アンドレ・モロワ『フランス史』による)という間違いを犯したので平和をもたらすことができなかった。○カトリック派はギーズ公フランソワ、プロテスタント派はシャルル9世が慕うコリニー提督という、いずれもたぐいまれな武人だが、寛容さに欠ける首領を持って残虐な事件を互いに起こした。フランソワはシャンパーニュのヴァシー虐殺事件を起こし、これを契機にユグノー戦争が始まったが、翌年には暗殺された。コリニー提督は関与を否定したが、フランソワの死を当然のことといわんばかりの言動で恨みを買った。

コラム⑦

百年戦争とブルゴーニュ公国

「アンジュー帝国」は、英国でプランタジネット朝を始めたヘンリー2世が、アンジュー伯として父から受け継いだ領地に、ウィリアム征服王の孫である母から相続したイングランドとノルマンディ、妻アリエノールのアキテーヌ、それに息子のジョフロワが入り婿になったブルターニュを併せたものを呼ぶ。

ジョフロワの子のアルテュール(アーサー)は評判がよく、将来の英国王として期待されたが、フランス王フィリップ2世の臣下として伯父のリチャード1世と戦った。それに怒った英国人たちがヘンリー2世の子で素行の悪いジョンを王とし、アルテュールを殺したのを口実にフィリップ2世は大陸におけるアンジュー帝国領を没収した(英国はボルドー周辺だけはなんとか確保したが)。領地を失った責任を取るかたちで、ジョン王は貴族に対する王の権利を制約した『マグナ・カルタ』

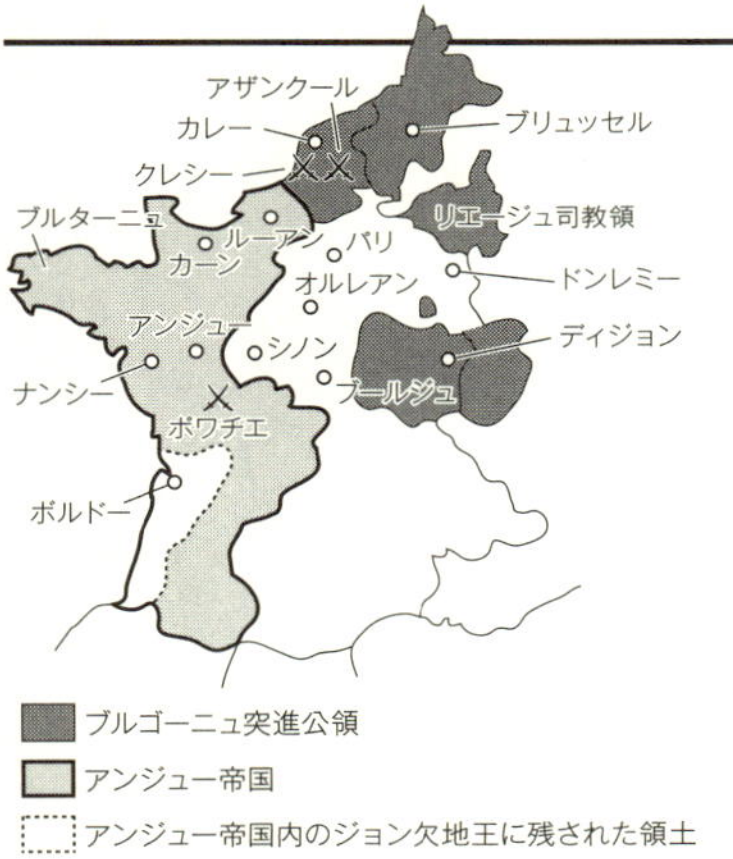

を受け入れざるを得なかった（英国人はこれが民主主義の重要な原点のひとつだというが、理解に苦しむ）。

いずれにせよ、この時点でアンジュー帝国の大陸領の大部分はいったんプランタジネット家の手を離れたので、百年戦争とは直接の関係はない。百年戦争は、英国王エドワード3世がフィリップ4世の孫としてフランス王位を要求して始め、英国王ヘンリー5世がシャルル6世の婿として要求を再開したことで続いた戦争である。

なお、ボルドー周辺についてだが、本来、ガスコーニュはボルドー南東、アキテーヌは北の地域であり、ギュイエンヌがボルドー周辺なのだが、混在して用いられることが多く、明快で正確な区別の説明は難しい。

ブルゴーニュ公国は、初代のフィリップ豪胆公がフランス王から封土として与えられた狭い意味でのブルゴーニュ公領に、二代目のジャン無畏公が母方から相続したフランドル地方とアルトワ、フランシュ・コンテ（ブルゴーニュ伯領）、三代目のフィリップ善良公が買収したナミュールと母方の実家の内紛に介入して相続したエノー、ホラント、ゼーラントの3伯領やブラバント家の断絶で相続したブリュッセル周辺、変則的な買収であるルクセンブルク、百年戦争の和平の結果得たピカルディ、ブーローニュ地方などからなる。

さらに四代目のシャルル突進公は、多くの領地の隙間を埋めるべく、リエージュ司教領の事実上の支配権を手に入れ、ロレーヌ公の領地も狙った。これらの仕事が完成すると、ロタリンギアが復活し、フランスとドイツの中間に新しい王国ができあがるはずだった。また、事実上、ハプスブルク家を乗っ取り、皇帝になろうとしていたともいわれる。だが、ルイ11世は、スイス傭兵を雇ってシャルル突進公を苦しめ、最後はナンシーでロレーヌ公と戦わせて、シャルルを戦死させた。

コラム8

スコットランド王国とナヴァル王国

スコットランド（エコス）女王メアリーの父であるスコットランド王ジェームズ5世は、英国王ヘンリー8世の姉マーガレット・テューダーが母だったので、潜在的な英国王位継承権者だった。英国では少年王エドワード6世が亡くなり、母違いの姉メアリーが即位したが、これも早世し、また母が違う姉のエリザベスが女王となった。だが、エリザベスが嫡出子といえるかは両親の結婚時期からして微妙であるので、フランス王アンリ2世はメアリー女王こそ正統な継承者だと唱えた。

アンリ2世の長男でメアリーの夫フランソワ2世が死んだころ、スコットランドでは、メアリーの母マリが新教徒（プロテスタント）との闘争の最中に亡くなっていた。フランス王妃としての地位を失ったメアリーは、スコットランド女王として霧深いエジンバラに帰った。それから30年近く、メアリー女王は従姉妹の英国女王エリザベスと戦い、最後は息子のジェームズにも裏切られて処刑された。やがて、ジェームズはエリザベス女王の死後に英国王ジェームズ1世となり、スコットランドは事実上、英国に併合された。フランスは、メアリー女王の死とともに、グレート・ブリテン島における友好的な王国との絆を失った。

ナヴァル王国（ナバラ王国）は、スペインのパンプローナを首都としてピレネ山脈の両側に領地を持っており、カペー朝「ルイ9世」の項目で紹介したシャンパーニュ伯チボーが王となってからフランス化し、一時はフランス王がナヴァル王を兼ねたが、ヴァロワ朝に変わったときにカペー家のジャンヌが女王になった。

だが、ブルボン朝アンリ4世の曾祖父ジャン3世の1515年に、スペイン王国によって征服され、スペイン側の領地はスペイン王がナヴァル王を兼ねると称して保持し、ピレネ山脈の北側は隣接するベアルン公領のポーを首都としてナヴァル王家がそのまま維持することになった。

アンリ4世がフランス王となったことで、再び同君連合が組まれることになり、ルイ16世まで続いた。その後は、女性の相続を認めるために、ルイ16世の長女でアングレーム公妃となったマリ・テレーズが論理的には女王となり、現在はパルマ・ブルボン家のアリシアが王位請求者らしい。なお、フランシスコ・ザヴィエルは、分裂以前のナヴァル王国のハビエル城に生まれている。

第5章　ヴェルサイユの薔薇とフランス革命

――ブルボン朝――

国王〈在位期間〉	出来事
アンリ4世〈1589－1610〉	旧教に改宗（93）。シャルトルで聖別式。パリ入城（94）。旧教同盟マイエンヌ公帰順（96）。ナントの勅令。シュリー財務卿に（98）。マリ・ド・メディシスと再婚（00）。ポーレット法で官職売買公認。ポン・ヌフ完成（04）。シャンプランがケベック市建設（08）。暗殺される（10）。
ルイ13世〈1610－1643〉	革命以前では最後の全国三部会開催（14）。母の側近であるコンチニを暗殺（17）。三十年戦争始まる（18）。リシュリュー宰相に（24）。新教徒の拠点ラ・ロシェル陥落（28）。三十年戦争に参戦（35）。デカルト『方法序説』（37）。地方監察官を設置。リシュリュー没（42）。
ルイ14世〈1643－1715〉	マザラン宰相に（43）。ウェストファリア条約（48）。フロンドの乱（48～52）。英国清教徒革命でチャールズ1世処刑（49）。マリ・テレーズと結婚（60）。マザラン没。親政開始（61）。モリエール『タルチュフ』（64）。コルベール財務総監に（65）。遺産帰属戦争のアーヘン条約（68）。オランダ戦争のナイメーヘン条約（78）。ヴェルサイユ宮殿に移転。ルイジアナ成立（82）。ナント勅令を廃止（85）。英国名誉革命（88）。スペイン王にフェリペ5世即位（00）。鉄仮面獄死（03）。ジャンセニスム弾圧強化（09）。王太子とその子が相次いで没し曾孫が王太子に（11～12）。スペイン継承戦争のユトレヒト条約（13）。
ルイ15世〈1715－1774〉	オルレアン公が摂政に。フランスの人口2250万人（15）。ニューオリンズ建設（18）。金融恐慌で財務総監ローが辞任（20）。オルレアン公没（23）。ヴォルテール『哲学書簡』（34）。ポーランド継承戦争でロレーヌが帰属（38）。ポンパドゥール夫人寵姫に（45）。オーストリア継承戦争終了。モンテスキュー『法の精神』（48）。百科全書の刊行始まる（51）。七年戦争始まる（56）。ルソー『社会契約論』（62）。パリ条約で七年戦争が終わる（63）。コルシカを購入（68）。王太子がマリ・アントワネットと結婚（70）。
ルイ16世〈1774－1792〉	マリ・アントワネットとフェルゼンが仮面舞踏会で会う（74）。ラファイエットの義勇軍が米独立戦争に介入（77）。ボーマルシェ『フィガロの結婚』（81）。米独立戦争のヴェルサイユ条約でセネガル・ルイジアナとインド植民地の一部を回復（83）。王妃の「首飾り事件」（85）。英仏相互に関税を軽減（86）。名士会議を招集するが財政改革に反対。パリ高等法院を追放。ラ・ペルーズ

宗谷海峡を通過(87)。全国三部会招集。不作で穀物価格急騰(88)。全国三部会開始。第三身分が国民議会を設立。「テニスコートの誓い」で憲法制定を要求。国民議会が憲法制定国民議会となる。バスチーユ監獄が7月14日に襲撃される。議会が封建的諸特権の廃止を決議。「人権宣言」が8月26日に採択。パリ市民のヴェルサイユ行進で国王一家がパリに移転。教会財産国有化(89)。アッシニャ紙幣の発行とインフレ。聖職者に市民基本法への宣誓を要求(90)。調停を試みていたミラボー没。国王が国外逃亡を試みたヴァレンヌ事件。諸外国が「ピルニッツ宣言」で反革命を掲げる。ハイチで奴隷が反乱。「1791年憲法」制定。立法議会が開設(91)。フランスがオーストリアに宣戦布告。ジロンド派内閣解任。民衆がチュイルリ宮殿を襲撃。亡命者の財産没収。領主地代の廃止。ヴァルミの戦いでフランス軍がオーストリア・プロシャ軍を破る。『ラ・マルセイエーズ』が成立。国民公会が王政廃止を宣言し、第一共和政へ(92)。

国民公会
〈1792―1795〉

ネーデルラント征服。ルイ16世の裁判始まる(92)。ルイ16世を処刑。第一次対仏大同盟。独身者に対する徴兵制導入。ヴァンデで反革命蜂起が起きる。ジロンド派の追放と山岳派の独裁が始まる。「1793年憲法」制定。マラの暗殺。封建的特権の無償廃止。ロベスピエールが公安委員会に加わる。恐怖政治始まる。マリ・アントワネットが処刑される。「理性の祭典」が開催。ルーヴル美術館設立(93)。ダントン、アンドレア・シェニエら処刑。「最高存在の式典」が開かれる。テルミドールの反動でロベスピエールらが処刑。高等師範学校設立(94)。ジェルミナル12日の革命派民衆蜂起。メートル法制定。パリ音楽院設立。ヴァンデミエールの王党派蜂起をナポレオンが鎮圧。ポーランドが第三次分割で消滅。国民公会解散。総裁政府成立(95)。

総裁政府
〈1795―1799〉

アッシニャ紙幣廃止。土地手形を発行。ナポレオンがミラノに入城。アルコレの戦いで勝利(96)。「五百人会」選挙で王党派進出。北イタリアにチザルピナ共和国設立。フリュクチドール18日の政変で王党派追放。カンポ・フォルミオ条約でミラノとベルギーを獲得。オーストリアはヴェネツィアを併合(97)。ローマ入城。フロレアル22日の政変でジャコバン派追放。ナポレオンがエジプトに出発。アブキール湾の海戦で敗北。第二次対仏大同盟成立(98)。プレリアル30日の政変で穏健派総裁辞職。ナポレオン帰国。ブリュメール18日の政変でナポレオン実権掌握(99)。

ブルボン家・オルレアン家系図

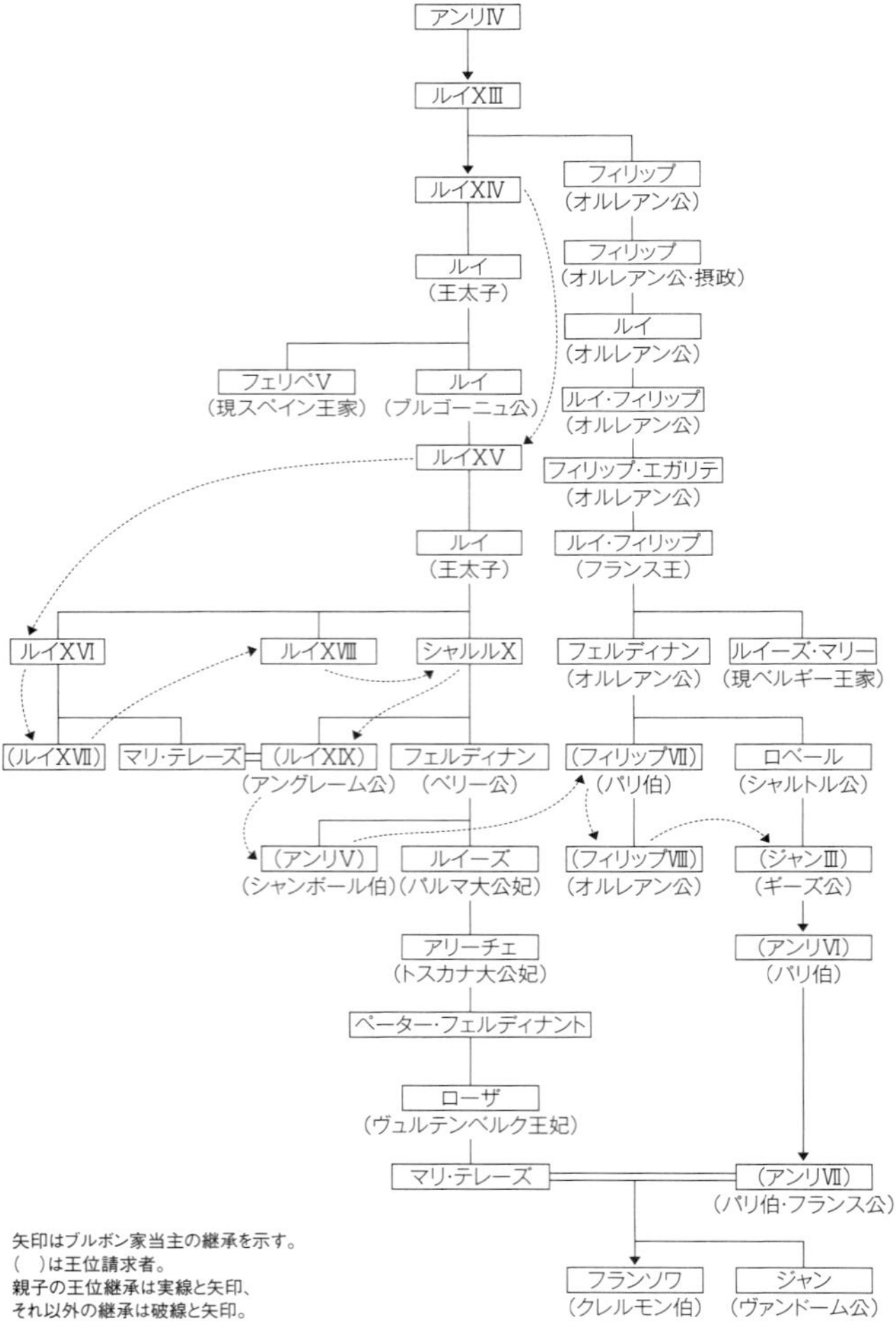

矢印はブルボン家当主の継承を示す。
（　）は王位請求者。
親子の王位継承は実線と矢印、
それ以外の継承は破線と矢印。

スペイン王家系図

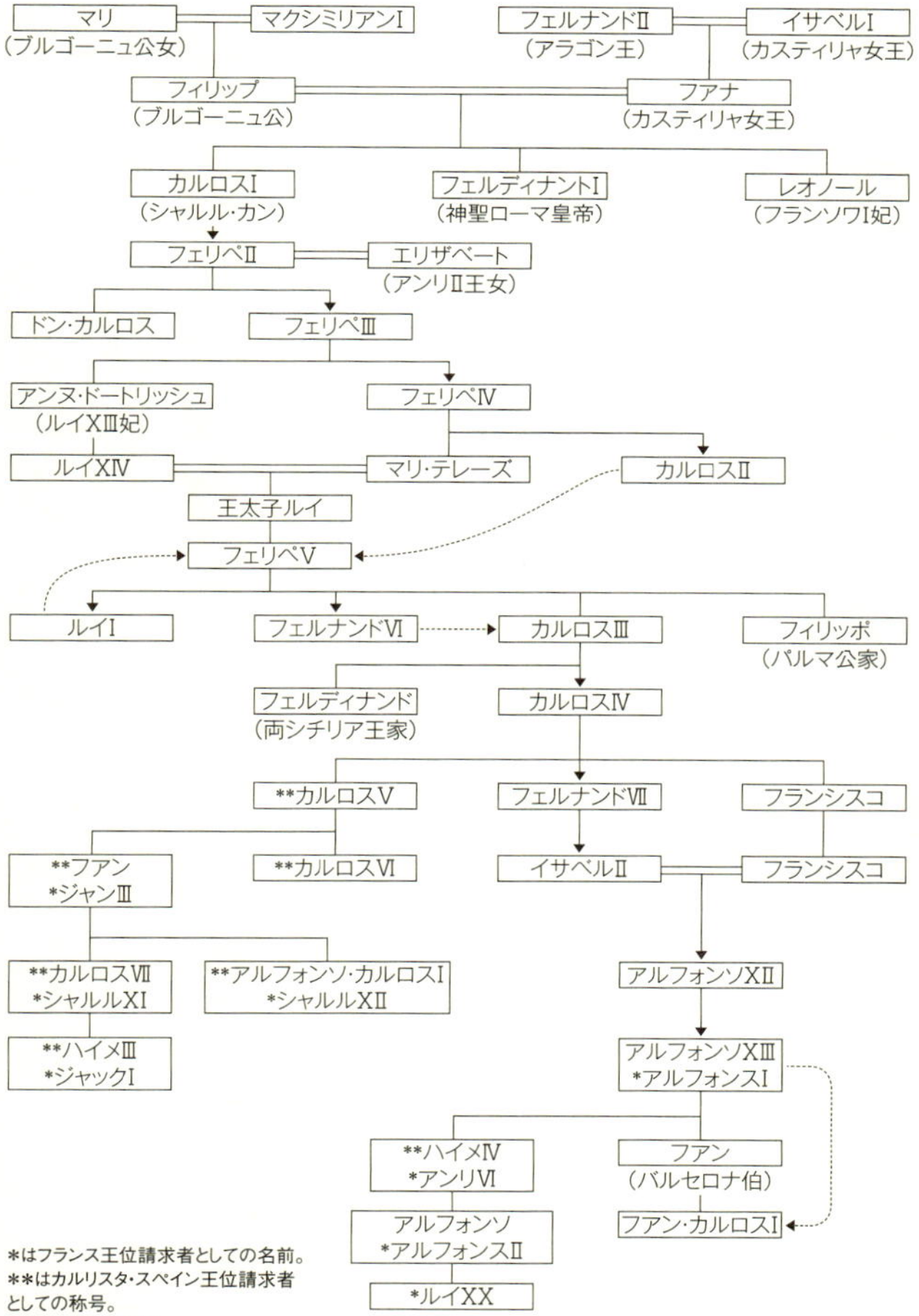

*はフランス王位請求者としての名前。
**はカルリスタ・スペイン王位請求者としての称号。
矢印は王位継承順。
フェリペVは二度王位についた。

オーストリア·ハプスブルク家系図

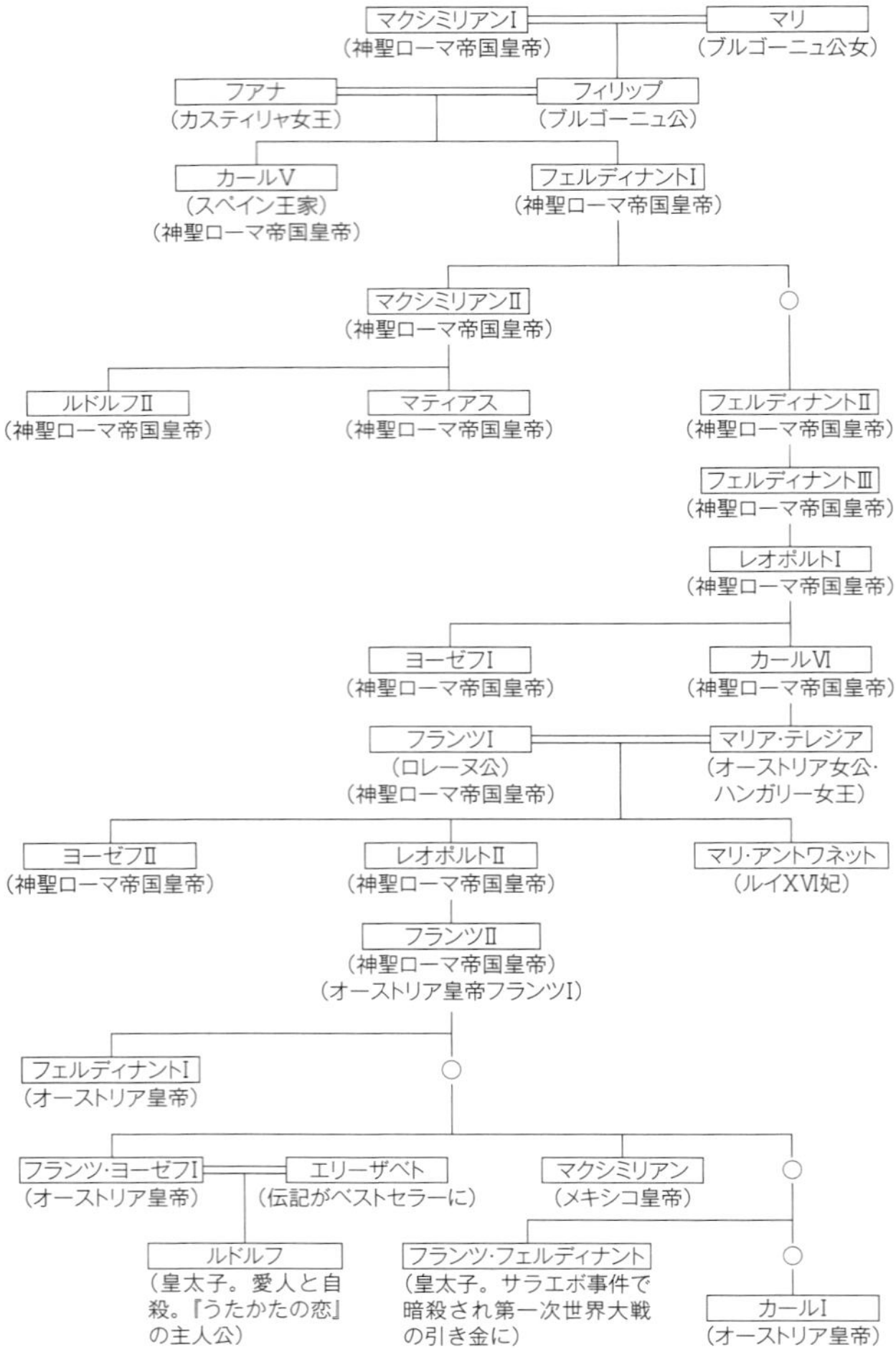

フランス人がいちばん好きな王様

【アンリ4世】
Henri IV

▼新教徒だったが旧教に転向して
ブルボン朝を開き、国土開発にも成果

誕生 1553年
即位 1589年（35歳）
死去 1610年（56歳）

世界史と日本史を別々に教えるものだから、諸外国の有名人が日本でいえば誰と同世代であるか、ぴんと来ない人が多い。それでは、アンリ4世と同じ時期に活躍していたのが誰かというと、豊臣秀吉だ。アンリ4世は秀吉より16歳下で、毛利輝元《もうりてるもと》とか上杉景勝《うえすぎかげかつ》とほぼ同じ生没年である。即位したのは秀吉の天下統一の前年で、死んだのは「大坂の陣」の少し前だ。

ほかにもこのふたりは似たところがあって、どちらも本来は天下を取るような立場でなかったとか、明るく人懐っこい性格とか、女性がたいへん好きなところも同じだ。

死の床において前王アンリ3世は、その生涯においてもっとも王者らしかった。妹婿であり王位継承者であるナヴァル王アンリ（のちのアンリ4世）への忠誠を家臣に命じるとともに、ナヴァル王にはカトリックへの改宗を勧めた。

新王となったアンリ4世は、「パリは（カトリックに改宗して）ミサ（を捧げる）に値する」ことは十分に理解していたが、さりとて、あまりにも早い改宗が人間性についての信頼を傷つけることも理解していた。王はカトリック派の教義を学ぶことを約束し、それを実行した。

軍事的な才能にも恵まれたアンリ4世は各地で反乱軍を破ったが、パリの抵抗は続いた。そして、即位の4年後に彼は改宗し、その翌年にはパリへの入城を果たした。その一方で、ナントの勅令を出してユグノーに信仰の自由を認め、150もの城塞を武装したまま保持することを認めた（1598年）。

アンリ4世の功績は、新旧両教徒の和解だけでない。すばらしい官僚政治家であるシュリーを財務卿に登用して、農業の充実とともに道路や運河の整備などをさせた。セーヌ川にポン・ヌフ（新しい橋の意味）を完成させたのも彼で、そのため、橋の近くに王の銅像がある。

シュリーはまた、徴税を強化し国庫を安定させ、その金で驚異的な砲兵隊をつくった。海外ではカナダ植民地の基礎がつくられた。

貴族たちをおとなしくさせるために、彼らが私兵を雇ったり裁判をしたりすることを抑制した代わりに、パリの宮廷での楽しい生活の場を用意し年金を与えた。そして、伝統的な貴族への対抗勢力をつくることと収入源確保を目的に官職の世襲と売買を許し、その60分の1を「ポーレット」と呼ばれる税金として毎年取った。だが、「これが、権力を市民階級に売ったことに王政が気づくのには2世紀を要した」（アンドレ・モロワ『フランス史』による）。

こうして国民的な人気を獲得した王だが、別居していたマルゴ王妃（アンリ2世の王女マルグリット）とのあいだに子はなかった。想定される後継者は、従兄弟であるコンデ公ルイの遺児であった。

王アンリ4世はできることなら、寵姫で3人の子をもうけたガブリエル・デストレと再婚したかったが、マルゴ王妃は容易に離婚に応じず、そのうちに、ガブリエルが急死した。そこで、王はマルゴ王妃の遠縁にあたり、莫大な持参金が望めるマリ・ド・メディシスと結婚することにし、王妃も離婚を受け入れた。若くて健康で太めのマリは、6人の子を王に与えた。その生涯は、ルーヴル美術館にあるルーベンスの連作でたどることができる。

だが、アンリ4世は、パリでフランソワ・ラヴァイヤックという男に刺殺され、幼児である新国王ルイ13世と外国人の母后が遺された。

アンリ4世家族 父ヴァンドーム公アントワーヌ・ド・ブルボン（ルイ9世の子孫。弟のルイは初代コンデ公で、ブルボン朝における最有力親王家のひとつとなる）、母ナヴァル女王ジャンヌ・ダルブレ（母はフランソワ1世の姉マルグリット）、妻①マルグリット・ド・ヴァロワ（アンリ2世の娘。通称マルゴ王妃。アレクサンドル・デュマの小説とその映画化で知られる『王妃マルゴ』の主人公。美人だったが近親相姦も含めた不品行を噂された）、②マリ・ド・メディシス（トスカナ大公フランチェスコ1世の娘）、子ルイ13世、エリザベート（スペイン王フェリペ4世妃。ルイ14世王妃の母）、オルレアン公ガストン、アンリエット・マリ（英国王チャールズ1世妃）など、寵姫ガブリエル・デストレ（庶子ヴァンドーム公セザールなどの母）。

『三銃士』では悪役にされた名宰相リシュリュー

【ルイ13世】
Louis XIII

▼宰相リシュリュー枢機卿が
ドイツ三十年戦争に介入して国威伸長

誕生	1601年
即位	1610年（8歳）
死去	1643年（41歳）

『三銃士《トロワ・ムスクテール》』という歴史小説は、フランスの司馬遼太郎ともいうべきアレクサンドル・デュマのベストセラー小説である。波瀾万丈で手に汗握る物語が続き、勇敢で名誉と友情を何より大事にする銃士たちと、さまざまな美女が登場し、実像とはひどくずれがあるが、歴史上の有名人物がてんこ盛りで出てくるのだから面白くないわけがない。

主人公のダルタニアンはルイ13世に仕えた実在の軍人だが、実際はそれほどの人物でないのは、どこやらの文豪の小説に出てくる新撰組の剣士たちと同じだ。

その『三銃士』では、いささか陰険で権力の権化の悪役にされてしまっているのが、ルイ13世の宰相リシュリュー枢機卿だ。彼を見出したのは、母后であるマリ・ド・メディシスと彼女がフィレンツェから連れてきたレオノーラという怪女と、その夫でやはりイタリア人のコンチニ元帥だった。

少年王であるルイ13世のほうは、わがままで人見知りし、リュイーヌという男友達に支配されていた。ルイ王は17歳になったときに突然、コンチニ元帥を暗殺させ、レオノーラを魔女として火炙りにし、母后を追放した。

だが、リシュリューはジョゼフ神父という友人のおかげで早々に復権し、王の信頼を獲得してやがて宰相となった。ルイ王は個人としては奇妙な人物だったが、王としてはなすべきことと人を見る目を持っていたのである。

リシュリューは病気がちで涙もろかったが、職務には厳粛で敵には峻厳、前王アンリ4世が弱い権力基盤を考慮して少し甘やかした大貴族たちを躊躇することなく粛清していった。

ユグノーは大西洋岸の城塞都市ラ・ロシェルで武装を認められていたが、英国のバッキンガム公（『三銃士』の登場人物で王妃の恋人として登場）に通じてフランスの利益を損じたので包囲され、軍事的独立を失った。

ドイツ三十年戦争では「カトリックの長女」であるとはいえ、自国の国益が神聖ローマ帝国の国益より重要だとして、ルター派のスウェーデン王グスタフ・アドルフやヴァレンシュタイン将軍を支援し、彼らが死ぬと直接介入することを躊躇《ためら》わなかった。

リシュリュー宰相は死に際して、「あなたの敵を許すか」と聞かれて「フランスの敵以外に私の敵はいなかった」と言い放った。彼とその1年後に後を追ったルイ13世は、彼らの仕事の結末を見ることができなかったが、王の死から5年後に締結されたウェストファリア条約は、オランダやスイスの独立を確認し、ドイツの350もの領邦国家の独立を保証し、ハプスブルク家が皇帝を事実上世襲する神聖ローマ帝国から真の意味での帝国としての地位を奪い、フランスにアルザスを得させた。

ルイ13世の男色趣味は王国の継承を危惧させていたが、王が狩猟に出て豪雨に見舞われたのが王妃の城の近くだったことが、結婚から20年もたってからの王太子（のちのルイ14世）誕生に結実し、さらに、のちに「オルレアン家」と呼ばれるようになる家系を創始する第二王子フィリップまでも得ることができた。

だが、あまりにもそれが遅かったので、ルイ13世が死んだとき、王太子は4歳の幼児にすぎなかった。

ルイ13世家族 父アンリ4世、母マリ・ド・メディシス、妻アンヌ・ドートリッシュ（スペイン王フェリペ3世の娘）、子ルイ14世、オルレアン公フィリップ1世（最初の妻アンリエット・ダングルテールは、チャールズ1世とアンリ4世の娘との娘。痩せてはいたが美しく聡明で、義兄ルイ14世との不倫も噂された。また、王の依頼で訪英し、ドーヴァー条約のための交渉に成功した。『三銃士』の続編『ブラジュロンヌ子爵』のヒロインのひとり。ふたり目の妻との子がルイ15世の摂政となった）など。

解説 ○著者は留学時代にダルタニアンのモデルであるシャルル・ダルタニアンの故郷ジェールの県庁で幹部研修をしたことがあるが、デュマの小説に描かれたガスコーニュ人独特の素朴でオープンな人問性はいまでも健在である。そのときの感想やダルタニアンの実像については『フランス式エリート育成法』(中公新書)参照。

ヴェルサイユ宮殿と太陽王の初恋

【ルイ14世】(太陽王《ル・ロワソレイユ》)
Louis XIV
▼世界史上におけるすべての王様の模範となるべき偉大な王者

誕生	1638年
即位	1643年(4歳)
死去	1715年(76歳)

パリほど「花の都」という言葉にふさわしい首都はない。ローマと同じく古代の首都は「文明の縮図」というべきもので、政治、文化、経済などあらゆる事象の中心だった。ところが、中世にあっては、王はひとつの都市に定住し、そこで仕事をするのではなく、常に旅にあり、「首都」というべきものすら曖昧になった。しかし、絶対王政の進展にともなう行政機能の肥大によって、王が旅を続けることは、政務に伴う書類の持ち運びだけをとってみても不可能になっていく。

こうして再び古代の首都に匹敵する首都が生まれてきたのだが、そこでは、王は民衆の反乱という脅威に直面した。ルイ14世は10歳のとき、大貴族と民衆が立ち上がった「フロンドの乱」で、寝室にまで民衆に侵入された苦い経験もあって、ヴェルサイユに宮廷都市を建設した。

この政治・行政機能に特化し、綿密な計画に基づいた首都は、ワシントンなど近代的な首都の嚆矢《こうし》ともなった。

前王ルイ13世が死んだのち摂政になった母后アンヌ・ドートリッシュは、慣例に従い、前王の遺言を無効にした。宰相リシュリューの恐怖政治から、大貴族も市民も解放されると喜んだが、母后がルイ14世の教育係であるとともに事実上の宰相としたのは、イタリア人で教皇特使としてパリにやって来たときにリシュリューに気に入られて取り立てられたマザランだった。

マザランは、表面的には柔和な美男子で辛抱強かったが、なすべきことについてはリシュリューの政治路線を正しく引き継いだ。フロンドの乱を避けて王たちはパリからいったんは退避したが、やがてコンデ公など反国王の貴族たちがスペイン王国と結んだこともあって、パリの民衆は、王と、ついにはマザランまで呼び戻した。

マザランは、ウェストファリア条約でライン川左岸の防衛を固め、スペインと交わしたピレネ条約ではフランドル地方に近いアルトワ（主要都市アラス）のほか、カタロニアと接するルシヨン（主要都市ペルピニャン）を得た。

さらに、スペインとの絆を深めるために、母后の姪であるマリ・テレーズ・ドートリッシュ

（スペイン王フェリペ4世の王女）を将来のフランス王妃に定めた。王ルイ14世はマザランの姪のマリ・マンチーニに恋していたが、この伯父はルイに、王者にとって結婚が国家の安寧にもっともふさわしい選択をすべき課題であることを諭して従わせ、姪をローマの名門コロンナ家に嫁がせて遠ざけた。

マザランは植民地の拡大や輸出産業の育成など重商主義的な経済政策を打ち立てたコルベール（財務総監《コントロルール・ジェネラル・デ・フィナンス》）、天才的な将軍であるチュレンヌ、要塞建設の天才だったヴォーバンなど有能な官僚政治家を登用してルイ14世のために遺した。

マザランが死んだとき、ルイ14世は親政を開始した。スペイン王フェリペ2世の孫である母后と、最高の家庭教師だったマザランに育てられた王は、君主たる者に必要なすべてを備えた大王だった。知力、体力、勤勉さはいうまでもないことだが、その態度は誰に対してもあくまでも優雅で温かい印象を与え、辛抱強かった。若いころの王はバレエの名手で、カリスマ性を高めるのにおおいにこれを活用した。「太陽王」というあだ名も、バレエで太陽神に扮したことに由来する。

貴族たちは自分たちの私兵を率いるのでなく、王国の軍人として騎士的栄光を求める傾向が高まり、統一国家としての基盤が確立した。フランス革命後の中央集権的な地方制度の先駆けというべき、地方監察官《アンタンダン》の任命などが行われたが、一方で、官職売買はますます拡大し、徴税請負人による中間搾取が効率的な徴税を妨げた（官職売買や徴税請負は、今日でいう行政のアウトソーシングであるが、この種の措置は短期的には便利でも長期的には弊害が大きいのが常だ）。

ヴェルサイユ宮殿での宮廷生活は莫大な費用がかかったが、反乱を起こすより社交生活で人気を博したり王の評価を得ることで地位を得ようという競争に貴族たちの関心を移させ、外国の人々まで引き寄せたのであるから、軍事費に費やすより、よほど有益な支出だった。廃藩置県と華族制度の創設で、明治政府が実現した方向の先取りだったともいえる。

そこで生まれた文化や建築は、現代に至るまでフランスに莫大な利益を生み出している。なかなか人々の理解を得ることができないが、本当に高いレベルのものならばではあるが、実は文化的な「浪費」ほど、投資効率のよい公共支出はないのだ。

ルイ14世は、ラ・ヴァリエール嬢、モンテスパン侯爵夫人などの寵姫の名が多く知られるが、前者は修道院に入り、後者は黒ミサ事件に関与して寵愛を失った。最後に王の心を捕らえたのが、庶出の王子たちの養育係だったマントノン夫人である。この信心深い女性は、王と秘密結婚したといわれる。

そのマントノン夫人の影響もあってといわれるが、ルイ14世は治世の後半に入ってナントの勅令を廃止した。ユグノーには商工業者が多かったことから、彼らの多くがプロイセン王国（ドイツ）などに移ったことは産業の発展にとって打撃となった。

ただ、カトリック的で集権的なフランスは、それがゆえに、レベルの高いインフラや行政・教育制度、それに、豪華な芸術や文化を生み出したのであって、もし、違う道を選択していたらフランス的な良さもまた大きく犠牲になっただろう。そもそも日本の歴史家は、英独派やプロテスタント贔屓《びいき》の人が多く、バイアスがかかっているのだ（209ページ「フランス経済史」参照）。

ルイ14世は戦争も盛んにした。その結果は常に好ましいとは限らなかったが、治世の終わりにあって、ほぼ現在のドイツとの国境が完成し、スペインには孫をフェリペ5世として送り込んで、ブルゴーニュ公国崩壊以来のハプスブルク家との長い争いを勝利で終わらせることになった（183ページ「フランス国境の変遷」参照）。

長い治世が終わりを迎えたとき、もはや、王の交代という事件にどう対処すべきか、経験を持つ重臣もいなかった。王太子（グラン・ドーファン）も、その子で将来を嘱望されていたブルゴーニュ公も先立って、遺されたのは、曾孫で5歳のルイ（のちのルイ15世）だった。

曾祖父ルイ14世は幼い王太子に、「私のことを真似てはならない。宮殿も、戦争も」と言い残して逝った。

ルイ14世家族　父ルイ13世、母アンヌ・ドートリッシュ、妻マリ・テレーズ・ドートリッシュ（スペイン王フェリペ4世の娘）、子ルイ（王太子。「グラン・ドーファン」と呼ばれる。ルイ15世の祖父。「プチ・ドーファン」と通称されたブルゴーニュ公ルイやスペイン王フェリペ5世の父）、寵姫ルイーズ・ド・ラ・ヴァリエール（ヴェルマンドワ伯ルイなどの母）、モンテスパン侯爵夫人（メーヌ公ルイ・オーギュスト、トゥールーズ伯ルイ・アレクサンドルなどの母）、マントノン夫人（王と秘密結婚をしたといわれる。シャンデルナゴールによる『王の小径』は彼女の高名な伝記小説）。

解説　○ナント勅令廃止の背景には、王の長い治世を通じてユグノーの大貴族がかなり減少していたことや、台頭してきた英国などの干渉を許さないためにも潮時だったこともあり、メリットもあった。

最強の寵姫ポンパドゥール夫人

【ルイ15世】
Louis XV

▼ヴォルテールの時代にあって
フランスは栄えたが国家財政は破綻へ

誕生	1710年
即位	1715年（5歳）
死去	1774年（64歳）

摂政は、王にとっての成人年齢とされた13歳になるまで必ず置かれたものだから、当然のことながら何人もいる。だが、単に摂政《レジャンス》といえば、ルイ15世の時代のオルレアン公フィリップを指すし、美術史上ではこの時代の流行を「摂政様式」と呼ぶほどである。ちなみに、アメリカ南部の都市ニューオリンズは、フランス植民地時代に、当時の摂政だった彼にちなんでヌーヴ

エル・オルレアンと命名され、英語に訳されたものだ。

オルレアン公フィリップは、ルイ14世の弟で同性愛者のオルレアン公フィリップ1世と、その二番目の妃だった男勝りのプファルツ選帝侯の娘エリザベートのあいだに生まれた。フィリップ殿下は弁舌爽やかで人好きのする人物で、記憶力の良さが聡明であるかのように見せていた。だが、彼の色好みはよく知れ渡っており、のちには、娘との近親相姦すら噂された。

前王ルイ14世は、この甥をあまり信用せず、庶子であるメーヌ公とトゥールーズ伯も摂政会議のメンバーとするように遺言したが、高等法院は慣例通りに摂政の求めに応じてこの遺言を無効とした（なお、ルイ・フィリップ王はトゥールーズ伯の女系の曾孫である）。

摂政時代には、ルイ14世時代に増大した財政赤字を縮小し、経済の再建をしなくてはならなかったが、思わぬ事件で躓《つまず》いた。スコットランド人ジョン・ローを財務総監にして、北米ルイジアナの開発見込利益を担保にした不換紙幣を大量発行したのである。この無謀な計画は当然に破綻し、フランス国家は信用を失い、大革命に至るまで解決できない傷を与えた。

文化面ではルイ14世時代の堅苦しさから解放されて新しい息吹が感じられた。摂政はヴェルサイユよりパリを好み、貴族たちはフランスの霞が関にあたる官庁街フォーブル・サンジェルマンに瀟洒《しょうしゃ》な館を建てた。

摂政オルレアン公は、ヴェルサイユ宮殿での閣議を前にして、ひとときのアヴァンテュールを楽しんでいる最中に死んでしまった。高血圧にもかかわらず無理をしたらしい。

美しい金髪に女性のような顔立ちのルイ15世は、頭が悪いわけではなかったが、何かに集中するということが苦手で、読書もほとんどしなかった。王妃にはスペイン王女が予定されていたが、幼すぎることなどを理由に元ポーランド王スタニスワフ・レシチンスキの娘マリ・レクザンスカに交代させられた。マリ王妃は王太子をもたらしはしたが、王ルイ15世は次々と寵《ファヴォ》姫《リット》を置いた。最初はネール三姉妹を姉から順にたらいまわしし、ついで、有名なポンパドゥール夫人、そして、最後はマリ・アントワネットと対立するデュ・バリ夫人である。

ポンパドゥール夫人はブルジョワ出身だが、その美貌と才能を見込んだ支援者によってしっかりと教育を施されていた。彼女は啓蒙思想の理解者としてヴォルテールらの後ろ盾となり、ロココ美術を生むなど、よい趣味の持ち主だった。夫人は王のためにヴェルサイユ宮殿に観客定員14人という小劇場を造った。そのこけら落としの演目は、なんと革新思想の産物であるモリエールの戯曲『タルチュフ』であった。外交にも関与し、オーストリアの女大公マリア・テレジア、ロシアの女帝エリザベータと組んで事実上の三女帝同盟を形成した。

「王の寵姫」と呼ばれる女性たちの存在は、フランス史に香《かぐわ》しく人間的な彩りを与えている。

アジアの国と違って西ヨーロッパでは、王妃の嫡出子でなければ王位の継承権がなかったので、寵姫すなわち愛妾が王の母になるという期待はできなかったから、彼女たちの存在が歴史を揺り動かすほどのことはありえなかったが、王のそばに聡明で、よい趣味を持ち、庶民により近い女性が常にいたことは、総じて好ましいことであった。

そんな女性たちのなかでも、ポンパドゥール夫人が燦然《さんぜん》と輝く存在であったことは間違いなく、その国家に対する善意も疑いないところだが、リシュリューやマザランのような宰相の代わりができるはずもなく、とくに軍人の人事への介入は失敗が多かった。

ルイ15世時代には、オーストリア（とポーランドの）継承戦争と七年戦争の結果、カナダを失うなど、植民地獲得と海洋での主導権を英国に譲った。ただ、この時代にフランスは大きく後退したかというと必ずしもそうではない。ロレーヌ地方やコルシカ島を獲得したことでほぼ現在の領土が完成したし、ハプスブルク家とブルボン家の抗争に終止符を打てたことや、英国にとっても七年戦争での無理がたたってアメリカ独立の引き金になったことを考えれば、いわれるほどネガティブにとらえるべきかは疑問である（183ページ「フランス国境の変遷」参照）。

ルイ15世家族　曾祖父ルイ14世、祖父ルイ王太子――ヴィエール（バイエルン選帝侯フェルディナント・マリアの娘）、父ブルゴーニュ公ルイ（プチ・ドーフ（グラン・ドーファン）、祖母マリ・アンヌ・ド・バアン）、母マリ・アデライード・ド・サヴォワ（父はサルデーニャ王ヴィットーリオ・アメデーオ2世、母はオルレアン公フィリップ1世の娘アンヌ・マリ）、妻マリ・レクザンスカ（元ポーランド王のロレーヌ公スタニスワフ・レシチンスキの娘）、子ルイーズ・エリザベート（スペイン王子パルマ公フィリッポ夫人）、ルイ・フェルディナン（王太子。ルイ16世、ルイ18世、シャルル10世らの父）、アデライード（未婚のまま過ごし父の寵姫たちへの意地悪で有名。マリ・アントワネットとも最後は対立して悪質な噂を流すなどした）など、寵姫ポンパドゥール夫人、デュ・バリ夫人など。

解説 ○仏英など西欧語の場合、「女王」も「王妃」もレーヌ（クイーン）であり、ほかの称号も同じ事情である。このため、日本語に訳すときに誤訳が多い。たとえば、マリア・テレジアは「女帝」と訳されがちだが、皇帝は夫のフランツであって彼女は皇后にすぎない。彼女の立場は美智子皇后と同じである。逆にポンパドゥール夫人は、彼女自身が女侯爵なのであって彼女の別居中の夫が侯爵だったのではなく、侯爵夫人は誤訳だ。このほか、女王の夫の呼称も複雑で、王であったり（ウィリアム3世）、王配殿下（アルバート殿下）や単なる配偶者（エジンバラ公）だったりして、これも翻訳が難しい。○このころから、さまざまな分野で革命後の制度の萌芽が出てきているが、士官学校と土木学校など専門学校の設立は、フランスにとってなくてはならないシステムの誕生だった。とくに、士官学校はポンパドゥール夫人のイニシアティブで充実したものとなった。エッフェル塔の背後にある瀟洒な建物がかつての校舎である。○王の外交特使として謎の女装スパイであるデオンが話題となった。

マリ・アントワネットに同情できない理由

【ルイ16世】

Louis XVI

▼保守頑迷なマリ・アントワネットが王妃でなければ革命はなかった

誕生 1754年

即位 1774年（19歳）

退位 1792年（37歳）

死去 1793年（38歳）

王妃マリ・アントワネットの両親は、ハプスブルク家のマリア・テレジアとロレーヌ（ロートリンゲン）家のフランツである。こうした実質上の入り婿結婚の場合、ふたつの姓を重ねることが多く、「ハプスブルク・ロートリンゲン家」と呼ばれることが多い。

フランツのほうではロレーヌ領（ロートリンゲン公国）を棄てるつもりなどなかったのだが、オーストリア継承戦争の結果、ロレーヌ領をフランスに渡し、代わりにメディチ家がこのころ断絶したのを受けてトスカナ大公国をもらった。しかも、フランツはしばらくして神聖ローマ皇帝になれたからよかったものの、彼の母（ルイ14世の弟オルレアン公フィリップ1世の娘）らロレーヌ家一門の憤激は凄まじかった。

この両親のうち、マリア・テレジアは保守的だったが、沈着で威厳と政治力があり、フランツは軽薄だったが、良き家庭人で、進歩的で財務など実務的手腕があった。だが、娘マリ・アントワネットは、保守的で軽薄でいい加減だった。つまり、王妃としては両親の悪いところを集めていたのだ。

突飛なファッションで話題になったりしたのは、それまでの寵姫たちの役割を引き継いだようなものだし、プチ・トリアノンで個人的な友人だけと当時流行だった田園風生活を送ったことは、時代精神の先端を行くものではあったが、王妃としては職務放棄に近かった。

古今東西どこでも、享楽的なセレブ生活を自由に楽しんだプリンセスたちは、ある種の人気を得るが、そのことが政体の安定に役立ったことは一度もなく、国家にとっても王室にとっても百害あって一利なしである。マリ・アントワネット妃についても、彼女の浪費が財政を傾けたというのは誇張だが、フランス革命を引き起こした責任の大きな部分が彼女にあることを否定できない。

ルイ16世は父が早世したので、祖父ルイ15世から王位を継いだ。先天的に男性器に欠陥があり、結婚後もしばらくは夫婦生活が望めなかったが、外科手術を受けて治癒し、子供を得ることができた。趣味は狩猟や鍛冶仕事であった。心優しく、啓蒙思想の影響をある程度受けて、穏健な改革を志向したようだが、優柔不断で王妃を中心とした保守派に振りまわされた。

その治世は、アメリカ独立戦争への支援で始まった。七年戦争による植民地喪失の屈辱は、アメリカ独立戦争を支援することによって晴らされたが、経済的には再び大きな負担となった。しかも、革命的な気分の高揚は、国内の改革を不可避にするものであった。

フランスでは、統一国家への変身はルイ14世らによって完成していたが、その過程で妥協の産物として温存された貴族階級などの特権や官職売買があり、それが財政の収入不足や社会的な不公正感の温床になっていたことは、これまでにも書いてきた。

当然、貴族や教会の特権の縮小や廃止をどう進めるかが課題だったが、チュルゴやネッケルといった財務総監は改革を軌道に乗せることができず、全国三部会をルイ13世の治世の１６１4年、つまり、ルイ13世時代の宰相リシュリューが一躍注目を浴びたときから久しぶりに招集して討議することにした。

国王にとってこの開催は、第三身分《ティエール・ゼタ》（平民）を味方につけて貴族や聖職者を押さえ込むためのもののはずだった。だが、ルイ16世にそこまで明確なビジョンはなかった。ルイ王は第三身分の代議員を2倍にしておきながら、投票はそれぞれの身分ごとのままで行うことを否定しなかった（これでは議員数を増やした意味がない）。そこで、有名なテニスコートの誓いが行われ、第三身分の代議員に一部の貴族や聖職者が合流し、革命指導者アベ・シエイエスが「第三身分、それはすべてである」と叫び、国民議会への移行を宣言した。この勢いに押されて、ルイも、これが憲法制定議会《アサンブレ・コンスティテュアント》となることを承認した。

だが、貴族たちは、王妃を通じてルイを動かし、軍隊をパリとヴェルサイユのまわりに配した。これに反発した民衆が、１７８９年7月14日にバスチーユ牢獄を攻撃、解放した。やがて、国王一家はヴェルサイユ宮殿からパリ市内のチュイルリ宮殿に移され、憲法制定議会が民主主義の原点になった「人権宣言《デクララシオン・デ・ドロワ・ド・ロム・エ・デュ・シトワヤン》」を採択した。

その2年後、国王一家は国民を裏切り、国外への逃亡を企てた。もし、巧妙に変装すれば成功しただろうが、王妃は漫画『ベルサイユのばら』でもお馴染みの恋人フェルゼン伯爵の忠告にもかかわらず大型馬車での移動にこだわり、国境に近いヴァレンヌ村で捕らえられた。

国王がパリを脱出するだけなら、王党派的な地方や部隊はいくらでもあったから、そこに合流すれば成功した可能性も高いし、裏切り者とはいわれなかっただろう。だが、祖国フランスを棄てようとした王に居場所はなかったのだ。

さて、フランス革命は、それが人権尊重や国民主権という世界の民主主義の原点となったものであることはいうまでもない。しかし、あの血なまぐさい犠牲は避けがたいものだったのだろうか。これを、明治維新など諸国の改革と比較して考えてみよう。

日本の場合は「鎖国」という愚行によって、あらゆる分野で世界の流れからとんでもない大きな遅れをとっていたし、「幕藩体制」という封建制度のままだった。それが、開国と明治維新によって、怒濤のように統一国家への変身と近代化が進んだ。しかも、その変革は「王政復古」という看板を掲げることができたおかげで、ほとんど無血革命として行われた。

英国の場合、フランス革命と同じ時代にあって、もともとこぢんまりした島国なので国内の統一の維持に心配はなかったし、清教徒革命と名誉革命を経て議会政治が機能していた。ドイツ、オーストリア、ロシアでは、君主自らが啓蒙思想家を気取り、ガス抜きに成功していた。
当時、世界最先進国のひとつであったフランスは、ある程度の政治的自由化と税制改正さえ成功させればよかったのである。『アメリカの民主主義』の著者であるトクヴィルは、「革命は、急激な断絶でなく、旧体制の集権事業を引き継いだものだ」（『旧体制と大革命』による）と言っているが、国民公会ジャコバン派の弁護士ロベスピエールをルイ11世の生まれ変わり、ナポレオンをルイ14世の継承者と見ても何もおかしくないのである。

たとえば、革命以前には、割れたビスケットのように区分された、かつての封建領主の所領ごとに行政機関が置かれたり異なる法が施行されていたが、そうした民衆的基盤もなければ経済的合理性もない「地方分権」はいったん解消するべきものであり、それはルイ13世時代の宰相リシュリューの目指したところだったのである。日本でも、藩の領域を無視して、律令制の国を原則として都道府県を置いたからこそ、戦後の地方分権の基盤となりえたのと同じだ。

だが、前王ルイ15世も16世も政治に無関心で、啓蒙思想《エヴェイユ・スピリテュエル》という新しい流れの震源地でありながら王室がそれを利用するとか、打倒の標的にならないために工夫することがまったくなされていなかった。ポンパドゥール夫人は啓蒙思想の良き理解者であったが、寵姫という立場では、ルイ15世に対して、新しい思想を弾圧することを少し控えさせるのが限度だった。

ルイ16世は、その優しい性格から国民から愛されうる存在ではあった。したがって、彼自身が啓蒙君主にならなくとも、良き宰相を持つか、大失策をせずに、柔軟に対処しさえすれば、どこまで成功したかはともかく、少なくとも、ギロチンの露と消えることはなかったであろう。

王妃マリ・アントワネットについては、頑迷な保守派と組んで改革を妨害して革命を不可避にし、実家の利益を図って外国に通じるなどしたのだから、その夫を死に追いやった主要な責任がある。彼女への死刑判決は、『ベルサイユのばら』にヒントを与えたと見られる有名な伝記を書いたツヴァイクがいうように、法廷に外国との共謀についての証拠が十分に示されていなかったことにおいては不当だったかも知れない。だが、今日の我々は彼女のフランスへの裏切りが事実であった数々の証拠を得ているのである。彼女へのいかなる同情も正当なものとはいえないし、フランス革命の血なまぐさい犠牲は王家の人々のひどい愚劣さの結果なのである。

ルイ16世家族 祖父ルイ15世、父ルイ・フェルディナン（ルイ15世王太子）、母マリ・ジョゼフ・カロリーヌ・ド・サクス（父はザクセン選帝侯フリードリヒ・アウグスト2世。母は神聖ローマ皇帝ヨーゼフ1世の娘）、妻マリ・アントワネット・ド・ロレーヌ・ドートリシュ（神聖ローマ皇帝フランツ1世と皇妃マリア・テレジアの娘）、子マリ・テレーズ（シャルル10世の長男アングレーム公夫人）、王太子ルイ（いわゆるルイ17世。タンプル牢獄に幽閉され、健康を害し病死。偽者説が根強くあり、ナウンドルフという人物が自分こそ本物だと主張して話題になったことがあるが、21世紀になってDNA鑑定で病死した子供が本物であることが確定した）など。

解説 ○王妃マリ・アントワネットの兄である神聖ローマ皇帝ヨーゼフ2世は、やや軽薄で母との仲はよくなかったが、典型的な啓蒙君主として一般の人気を博した。モーツァルトをそのライバルであるサリエリほどではないが、それなりに引き立てたことは、映画『アマデウス』でもお馴染みだ。パリを訪問し、妹に有益な忠告をしたが、妹がよく理解したとは思えない。○ルイ16世の結婚相手に初め予定されていたのは、マリ・アントワネットの姉であるマリア・カロリーナだったが、そのまた姉が急死したので、両シチリア王妃となり、玉突きで妹に白羽の矢が立った。マリア・カロリーナは母に似た政治センスの持ち主で、彼女がフランス王妃なら革命は起きなかっただろう。○スウェーデン貴族のフェルゼン伯爵は、スウェーデン王グスタフ3世（その暗殺事件が、ヴェルディのオペラ『仮面舞踏会』のモデルになった王だ）の意向を受けてフランス宮廷で工作をしていた。王妃救出のために、誠心誠意の努力を行ったのは事実だが、その思想は極端な保守派で、政治的に見れば、王妃にとって悪い助言者だった。

国民公会の時代

『ラ・マルセイエーズ』の歌詞はものすごい

日本国歌『君が代』斉唱を学校の行事で強制することの是非をめぐる論争は尽きないが、私は、原則として吹奏だけにして斉唱はやめてはどうかと思う。というのは、フランスでも国歌

『ラ・マルセイエーズ』はしょっちゅう聞かされるが、だいたいはブラスバンドか、その録音テープが流されるだけだし、特別な場合に有名歌手がアトラクションとして歌うくらいだからだ。

押しつけがましいことが大嫌いなフランス人の個人主義もあるが、歌詞が時代錯誤なのも理由のひとつだ。革命時代に、オーストリアなどが干渉してきたので、南仏マルセイユの人たちが応援にかけつけたときに歌った革命歌、あるいは軍歌が『ラ・マルセイエーズ』である。だから歌詞はえらく勇ましく血なまぐさい。

「さあ祖国の子たちよ　栄光の日は来た
我らに対して血塗られた旗が掲げられている
獰猛《どうもう》な敵の兵士たちの唸り声が聞こえるか
敵は我らの懐までやって来て妻や子供まで殺すのだ
市民たちよ　隊列を整え進め　不潔な血を葬りさるのだ」（拙訳）

フランス人たちも、滅多に歌わないから歌詞の詳しい内容などよく考えてもいなかった。ところが、1992年のアルベールヴィル・オリンピックの開会式で、13歳の少女にアカペラ（伴奏なし）の独唱で歌わせたところ、清楚な歌声に似つかわしくない過激な歌詞に多くの人が凍りついた。その後しばらく、歌詞を変えろという激論がなされたが、やはり革命を建国の出発点としているのだからというので、議論はいつしか沙汰止みになった。『君が代』の歌詞も皇室がある以上は変えるのもなんだが、いやがる人に無理強いする必要はないであろう。

フランス革命が血なまぐさいものになったのには、この革命が外敵から祖国を守る戦争と同時進行で進んだことが無視できない。国王一家が国外逃亡に失敗したヴァレンヌ事件ののち、王妃の兄レオポルト2世（神聖ローマ皇帝・ハプスブルク家）は、プロイセン王フリードリヒ・ヴィルヘルム2世とともに「ピルニッツ宣言」を発表し、国王ルイ16世の地位が安泰でなければ戦争をしかけると脅したが、これは、国王への国民の信頼を大いに傷つけた。

こののち制定された「1791年憲法」は立憲王政を定め、このもとで行われた総選挙で選ばれた政府（ジロンド派内閣）は、翌年の4月にオーストリアに宣戦布告した。フランス革命戦争の開始である。士官の多くが貴族であるフランス軍の士気は低く敗戦を繰り返したが、下層民階級《サン・キュロット》が義勇兵として集まりはじめ、そのなかで生まれた歌が『ラ・マルセイエーズ』である。王妃にはハプスブルク家に機密を漏洩《ろうえい》している疑いがかけられて、王権は停止され、国王一家はタンプル塔（カペー朝フィリップ4世が禁止したテンプル騎士団の本拠だったところ。バスチーユの近く）に幽閉された。

戦いは、ヴァルミの戦いでの勝利を機にフランス軍が優勢に転じ、政治的にも急進的なジャコバン派が優勢となった。そして、普通選挙による「国民公会《コンヴァンシオン・ナシオナール》」が成立し、王政廃止と共和国の成立が宣言された。

ルイ16世は革命裁判にかけられ、最終的には賛成387対反対334で死刑が決まり、コンコルド広場でギロチンにかけられた。9か月ほどのちには、王妃マリ・アントワネットも処刑された。サン・ドニにある歴代国王の墓所は暴かれ、遺骸も共同溝に棄てられた。

革命はますます先鋭化し、ジャコバン派が穏健派のジロンド派を追放し、北フランスのアラス出身の弁護士で、清廉だが極度に神経質なロベスピエールが権力の頂点に立った。恐怖政治が行われ、ジャコバン派のリーダーのひとりだった陽気な雄弁家ダントンまでもが処刑された。「ジロンド派の女王」といわれたロラン夫人は、ギロチンにかけられる前に「自由よ、汝の名のもとでいかに多くの罪が犯されたことか」という名言を吐いた。

ロベスピエールの政府は、本格的な徴兵制の創設に成功し、革命以前から充実していた軍備と桁外れな兵力を背景に外国軍を圧倒し、ライン川まで押し出した。だが、行きすぎた粛清は疑心暗鬼を生み、革命によって財産を得た多くの国民はやや保守化してきた。

もっとも危険な策謀家で、のちにはナポレオンまで手玉に取ることになるフーシェらが、ある筋書きを書いた。ロベスピエールの側近で26歳の美青年にして稀代の演説の名手だったサン・ジュストの国民公会での発言は途中で遮られ、ロベスピエールとその仲間は処刑されることになった。いわゆる「熱月《テルミドール》の反動」である。

ロベスピエールについて日本での評判はあまりよろしくないが、彼は、単なる破壊者でなく大きな改革を実現したことへの貢献も絶大で、清潔でもあった。

そして、ジャコバン派への支持が根強かったことは、こののち、なお1年にもわたって国民公会が生き延びたことでも分かる。穏健派の政治家たちが復活し、制限選挙の復活と二院制を定めた新しい憲法が準備されたが、3分の2の議員が留任を認められることで急進派を満足させなければならなかったのである。パリの民衆はこの変化が不満で、芽月《ジェルミナル》と牧草月《プレリアル》の反乱を起こしたが、地主となっていた農民たちはもはや安定を望んでいた。王党派も葡萄月《ヴァンデミエール》の乱を起こしたが、これも、亡命貴族たちがあまりにも反動的な意図を持っていたことが知れ渡っていたので鎮圧された。

そして、この反乱の鎮圧はひとりの若い軍人の名を人々に記憶させた。コルシカ島生まれで、26歳のナポレオン・ボナパルトである。

総裁政府の時代

ジョゼフィーヌはクレオール美人

ナポレオンの最初の妻だったジョゼフィーヌは、「クレオール」のヒロインである。クレオールというロマンティックな響きの言葉は、「植民地生まれの人」や「植民地風の」といった意味である。ただし、アメリカでは、ルイジアナ州のフランス系住民のことを指したり、ここの郷土料理を「クレオール料理」といったりする。ジョゼフィーヌが生まれたのは、フランスの植民地だった西インド諸島のマルチニック島で、貴族出身の祖父がここに移住して農園を開いていた。彼女は純粋の白人だが、南国生まれらしく、肌は少し褐色がかっていたという。

彼女は、家族同士で付き合いのあったボアルネ子爵と結婚して男女ひとりずつの子を成したがやがて離婚した。ボアルネ子爵はのちに三部会議長となったが刑死し、離婚していたジョゼフィーヌも牢獄に入った。しかし、「テルミドールの反動」で釈放され、社交界の人気者となり、総裁政府の指導者のひとり、バラスの愛人となった。

ナポレオンとの出会いは、亡夫の剣を息子のために返却してくれたナポレオンに御礼のために会ったときなどといわれるが、いずれにしても、若手ながら有望な軍人だったナポレオンが、社交界の花だったジョゼフィーヌにひと目惚れしたということだ。

ジョゼフィーヌは際立って目立つ美人ではなかったが、会話が巧みで、使用人などからも好感度が高く、人脈も豊富だった。ナポレオンと結婚後も、忠実な妻ではなかったし、浪費も激しかったが、ナポレオンの天才が開花するにあたっては、その魅力で素晴らしい刺激を与えたのであるし、また良き助言者、協力者でもあった。

さて、「1795年憲法」のもとで発足した総裁政府《ル・ディレクトワール》では、ルーベル、バラス、ラ・ルヴェリエール、カルノー、ル・トゥルヌール5人が総裁という集団指導体制が敷かれた。そののち、まず王党派が排除され、次に左派が追われ、一貫して総裁に留まったのは、もっとも腐敗した賄賂政治家のバラスだけだった。そもそも、「テルミドールの反動」も汚職を追及されそうになったバラスがもみ消すために引き金を引いたというほどなのだ。

その間、対外戦争は続けられたが、イタリア戦線に送られたナポレオンの勝利は鮮やかなものだった。ルーヴル美術館の脇にあるリヴォリ通りの名は、このときのリヴォリの戦場での勝利を記念している。また、ナポレオンは休戦交渉でも抜群の能力を見せ、ミラノなどのフランスへの併合と、北イタリア全体の属国化を獲得した。ヴァロワ朝シャルル8世以来の夢が実現したのである。しかもこのとき、イタリアから大量の美術品を戦利品として獲得し、これがルーヴル美術館のコレクションの主要なルーツのひとつになった。ナポレオンはいったんパリに戻ったあと、エジプト遠征に向かった（このとき学者を多く同行し、古代文字解読のきっかけになったロゼッタストーンを発見した）。しかし、現地で、本国の情勢緊迫の報告を聞いて無断帰国した。

このころ、「ジュ・ド・ポーム（テニスコート）の誓い」の立役者にして名文家のアベ・シエイエスは、危機になるといつも呼び返されていたが、このときも総裁のひとりになっていた。彼は、不安定な体制を解消するクーデターの協力者たる軍人を探していた。本当は、野心家は避けたかったらしいが、結局はもっとも人気のあるナポレオンと組むことを決意した。

霧月《ブリュメール》のクーデターは、パリの南西郊外のサン・クルー宮殿で行われた。のちの普仏戦争のときに宮殿は焼けて、現在はパリを見下ろす高台が公園になっているところである。総裁政府の廃止と執政政府の樹立の提案は、多くの議員の抵抗を受けたが、下院議長だったナポレオンの弟リュシアン・ボナパルトの機転と軍の威圧のもとで辛うじて承認された。

新しい体制では、ナポレオン・ボナパルト、アベ・シエイエス、デュコの3人が臨時執政となり、アルファベット順に交替で代表を務めることになった。ナポレオンは、最初に代表となった立場をフルに生かし、憲法を第一執政優位のものとして起草し、やがて、執政政府《コンシュラ》が発足したときには、自らが第一執政となった。アベ・シエイエスは元老院議長に棚上げされた。

コラム⑨

フランス国境の変遷（アンリ2世からナポレオン3世）

ヴァロワ朝時代のアンリ2世はカトー・カンブレジ条約（1559年）で、イタリアへの権利を放棄したが、ロレーヌ地方の要地であるメッス、ヴェルダン、トゥールの支配を確保した（最終的決着は1648年）。英仏百年戦争における未回収地であったカレーも、フランスの手に戻った。アンリ4世はサヴォワ公国からブレスとビュジェイを獲得した（1601年）。

ルイ14世初期のウエストファリア条約（1648年）では、アルザス南部の大部分を獲得した。ピレネ条約（1659年）では、ルシヨンとアルトワをスペインから獲得した。

王妃の持参金が未払いだったことを口実とする遺産帰属戦争は、リールなどフランドル地方のいくつかの都市を（アーヘン条約。1668年）、1672〜1678年にかけてのオランダ戦争では、フランシュ・コンテに加え、カンブレなどエノー地方の都市を確保した（ナイメーヘン条約。1678年）。

王弟オルレアン公夫人のプファルツ選帝侯継承を主張して始まった戦争は、英国で名誉革命が起きたことで苦戦したが、ストラスブールも含めたアルザス北部の帰属を確定させ、1681年ごろまでに段階的に獲得した。1697年のライスワイク条約では、ストラスブールを獲得した。

スペイン王家断絶に伴うスペイン継承戦争は、ルイ14世の孫のフィリップをフェリペ5世として送り込んだことに、オーストリアや英国が反対して起きた。ユトレヒト条約で将来の合邦の可能性を排除することで王位継承は認めるが、スペイン王国のベルギーやイタリアの領土はオーストリアに、カナダの一部をフランス王国から英国に移した。

ルイ15世時代になって、オーストリア（とポーランド）継承戦争は、神聖ローマ皇帝カール6世がその領土を王女のマリア・テレジアに譲ろうとしたことから起こったものだが、ロレーヌ公フランソワがマリア・テレジアと結婚して神聖ローマ皇帝となり、メディチ家に代わってトスカナ大公になるが、ロレーヌ公国はルイ15世の王妃の父であるスタニスワフ（元ポーランド国王）に、その死後はフランスに帰属するという条件付きで与えられた。また、ブルボン家のスペインは、ナポリとシチリアをオーストリアから取り戻した。七年戦争では、フランスは、カナダとミシシッピ川以東を英国に割譲し、インドから事実上撤退した

（パリ条約。1763年）。

革命時には多くの併合があったが、そのうち、教皇領だったアヴィニョン周辺とアルザスのミュールーズは、そのままフランス領となった。サヴォワとニースは、1860年にイタリア統一への同意と引き替えにサルデーニャ王国から得た。

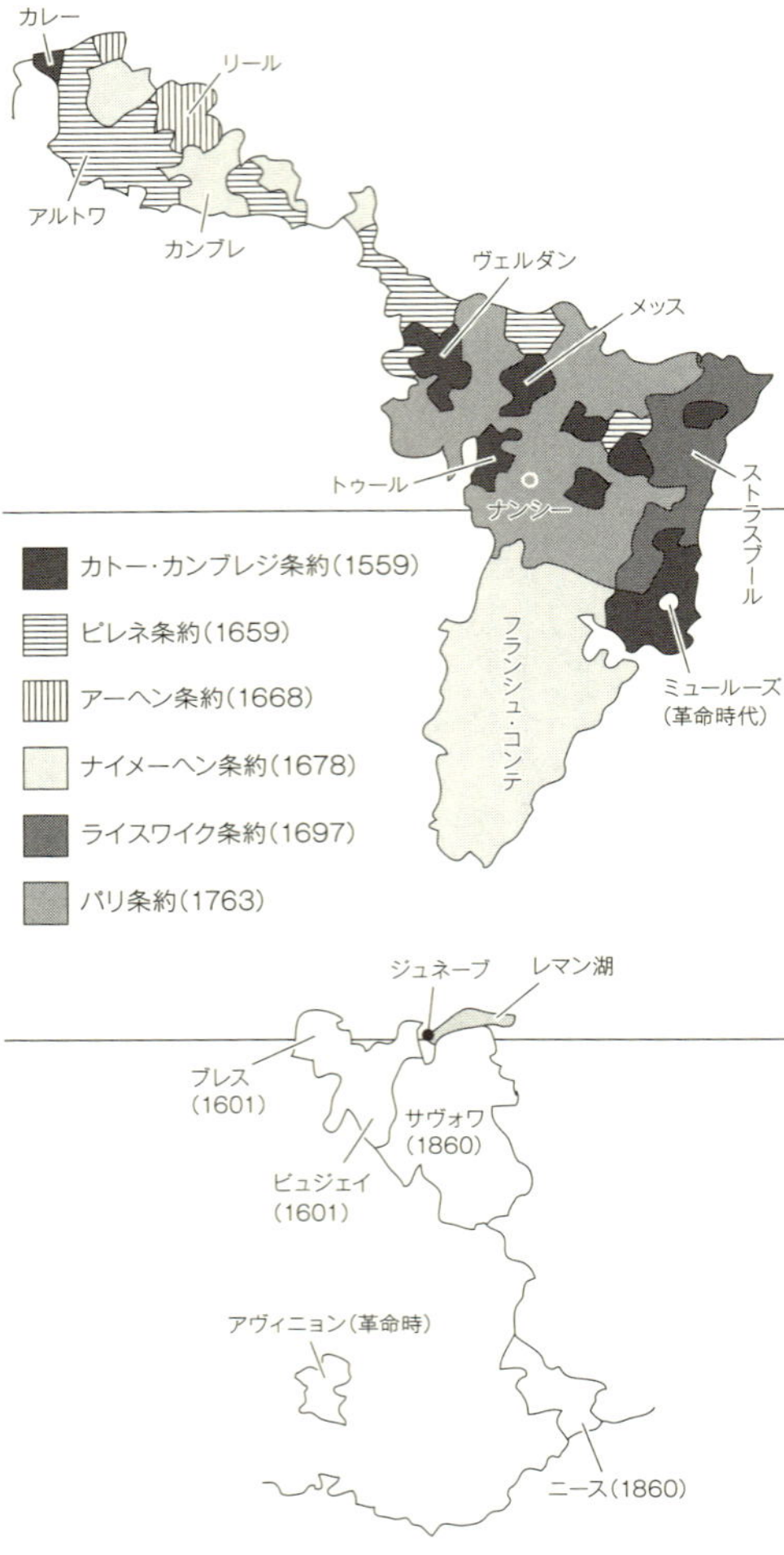

注　併合の年については、占領と条約での確認、支配権から領有権への移行が何段階かに分かれて進行するので、特定しにくく、資料によってかなりの異同がある。

第6章 ナポレオンがやっぱり偉人である理由

——帝政と王政復古朝——

国王〈在位期間〉	出来事
統領政府〈1799－1804〉	ナポレオンが第一統領に（99）。フランス銀行設立。ナポレオンが第二次イタリア遠征に。マレンゴの戦いでオーストリアに勝利。スペインからルイジアナを購入（00）。オーストリアとリュネヴィルの和議。教皇ピウス7世と政教協約を結び、信仰の自由や国家の世俗性を確認（01）。イタリア共和国成立。アミアンの和議で英仏和平。レジオン・ドヌール勲章制定。ナポレオン終身統領に。「共和暦10年憲法」制定。商工会議所設立（02）。ルイジアナを米国に売却。英国がフランスに宣戦（03）。ハイチが独立を宣言。アンガン公を反政府嫌疑で処刑。ナポレオン法典。皇帝に即位（04）。
ナポレオン1世〈1804－1814、1815〉	オーストリア帝国成立。戴冠式挙行（04）。ナポレオンがイタリア国王に。グレゴリウス暦に復帰。トラファルガーの海戦でネルソンに敗れる。ウィーンに入城。アウステルリッツの三帝会戦で勝利（05）。兄弟をナポリ、オランダの王に。ライン連邦成立。イエナでプロシャに勝利。ベルリンで英国に対する大陸封鎖を宣言（06）。ティルジットの和議。ワルシャワ大公国成立（07）。帝国貴族を創設。ジョゼフをスペイン王に（08）。マリ・ルイーズと結婚（10）。ロシアへ遠征するが敗北（12）。同盟軍がパリに入城。退位しエルバ島へ（14）。
ルイ18世〈1814－1815、1815－1824〉	ウィーン会議にタレーラン出席（14）。ナポレオンがエルバ島を脱出。パリに帰還。ウィーン会議最終議定書調印。ワーテルローの戦いで敗北。退位しセント・ヘレナ島へ流される。総選挙で極右圧勝。1790年の国境に戻る（15）。議会解散、極右後退（16）。ベリー公暗殺（20）。ナポレオン没。極右ヴィレール政権（21）。
シャルル10世〈1824－1830〉	亡命貴族への保障法。ランスで戴冠式（25）。自由派が選挙で勝利（27）。極右ポリニャック内閣（29）。議会解散するが選挙で自由派勝利。アルジェ占領。七月革命（30）。

ルイ・フィリップ〈1830―1848〉	新選挙法で選挙資格を拡大。ベルギー独立（31）。リヨン―サン・テティエンヌ間に鉄道（32）。初等教育法成立（33）。チエール内閣（36）。ナポレオンの遺骸がパリ帰還（40）。鉄道建設進む。ショパン活躍。王太子オルレアン公事故死。タヒチ保護領に（42）。デュマ『三銃士』（44）。ギゾー首相に就任（47）。パリ第12区の集会禁止を引き金に暴動が起こり、七月王政崩壊。二月革命（48）。
第二共和政〈1848―1852〉	普通選挙法と労働時間制限強化。憲法制定議会選挙でブルジョワ共和派勝利。パリの労働者による六月蜂起鎮圧。ルイ・ナポレオン大統領に。マルクス、エンゲルス『共産党宣言』（48）。立法議会選挙で保守派勝利。ローマ共和国抑圧のために派兵（49）。選挙資格制限、検閲強化（50）。ルイ・ナポレオンのクーデターで議会解散、普通選挙復活。ユゴーが抗議して亡命（51）。大統領任期を10年に。ルイ・ナポレオン皇帝に（52）。
ナポレオン3世〈1852―1870〉	皇帝がウジェニーと結婚。オスマンがセーヌ県知事に（53）。クリミア戦争で勝利（54）。パリ万国博覧会（55）。サイゴン占領（59）。英仏通商条約で貿易自由化進む。サヴォワとニース併合。自由帝政への転換（60）。メキシコから撤兵（67）。新聞の発行自由化。明治維新（68）。選挙で野党勝利。議会帝政へ。スエズ運河開通（69）。普仏戦争で敗北し帝政崩壊（70）。

ボナパルト家系図

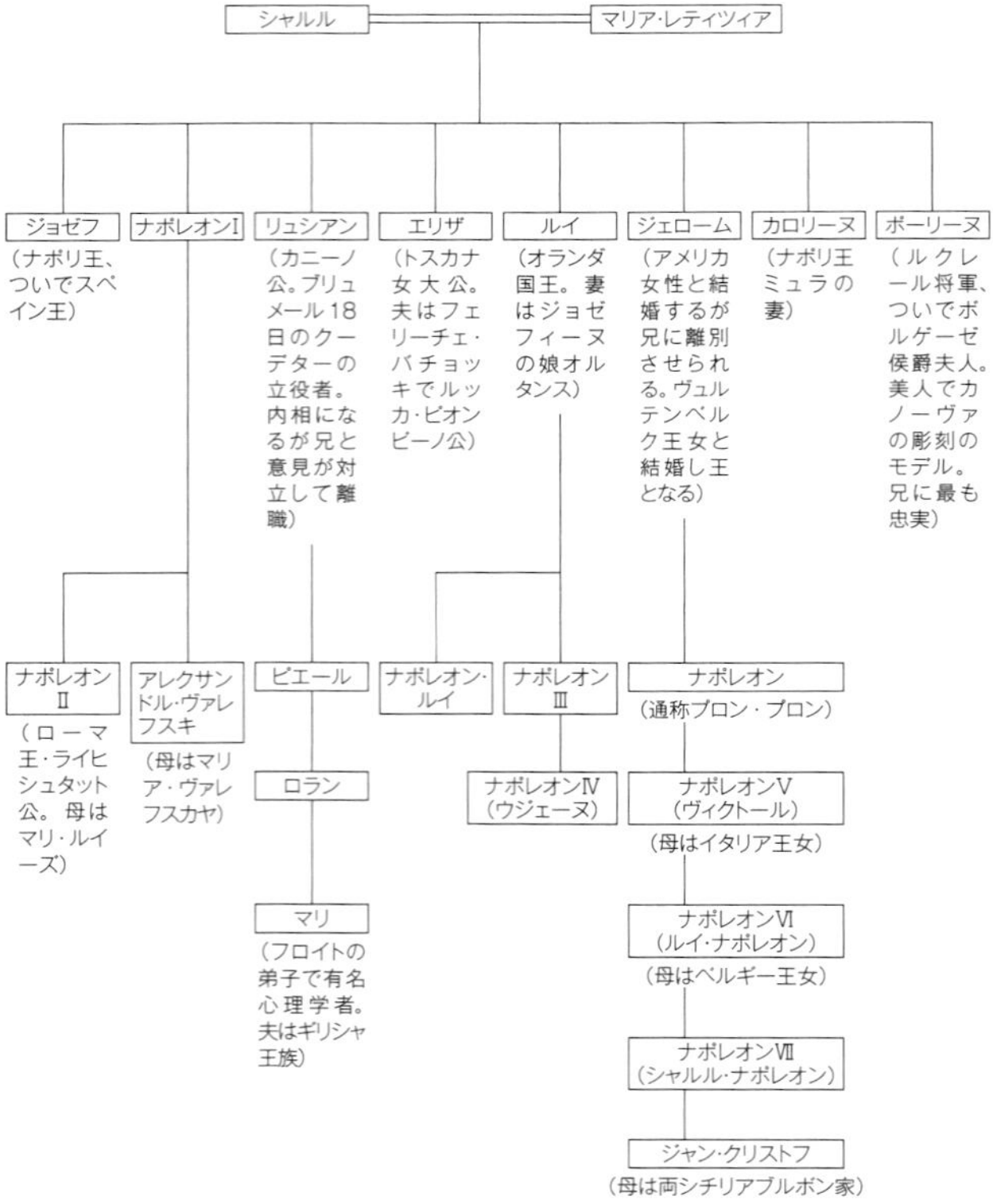
シャルル
マリア・レティツィア
ジョゼフ
(ナポリ王、ついでスペイン王)
ナポレオンI
リュシアン
(カニーノ公。ブリュメール18日のクーデターの立役者。内相になるが兄と意見が対立して離職)
エリザ
(トスカナ女大公。夫はフェリーチェ・バチョッキでルッカ・ピオンビーノ公)
ルイ
(オランダ国王。妻はジョゼフィーヌの娘オルタンス)
ジェローム
(アメリカ女性と結婚するが兄に離別させられる。ヴュルテンベルク王女と結婚し王となる)
カロリーヌ
(ナポリ王ミュラの妻)
ポーリーヌ
(ルクレール将軍、ついでボルゲーゼ侯爵夫人。美人でカノーヴァの彫刻のモデル。兄に最も忠実)
ナポレオンII
(ローマ王・ライヒシュタット公。母はマリ・ルイーズ)
アレクサンドル・ヴァレフスキ
(母はマリア・ヴァレフスカヤ)
ピエール
ロラン
マリ
(フロイトの弟子で有名心理学者。夫はギリシャ王族)
ナポレオン・ルイ
ナポレオンIII
ナポレオンIV
(ウジェーヌ)
ナポレオン
(通称プロン・プロン)
ナポレオンV
(ヴィクトール)
(母はイタリア王女)
ナポレオンVI
(ルイ・ナポレオン)
(母はベルギー王女)
ナポレオンVII
(シャルル・ナポレオン)
ジャン・クリストフ
(母は両シチリアブルボン家)

世界史をひとりで変えたコルシカ人の原点

【ナポレオン1世】
Napoléon Ier

▼華々しい戦争の勝利より真に偉大なのは「ナポレオン法典」などの整備

誕生	1769年
即位	1804年（34歳）
退位	1815年（45歳）
死去	1821年（51歳）

コルシカ島生まれのこの軍人政治家は、フランス革命を完成させたのか、それとも終止符を打たせたのだろうか。あるいは、その業績は本当に独創的であり、専ら彼の功績として語るべきものなのだろうか。

この疑問についての論争は尽きないし、英米人などはこれを否定的に見がちであり、それに影響される日本人も多い。

たしかに彼は独裁的な色彩が強い政体を打ち立て、ローマ教皇によって帝冠を授かり、皇帝にまでなった。あるいは、彼の業績と世間で認識されているものには、革命以前に萌芽があったり革命期に始まっていたものが多い。

だがそれにもかかわらず、私は、ナポレオンこそが、今日に至るまでフランス革命を世界史的な事件にした最大の功労者であることを疑わない。

革命は、彼によって具体化され、制度として定着し、ヨーロッパ全体に広まったのである。そういう意味では、彼は織田信長よりは豊臣秀吉に似ている。太閤秀吉の仕事のほとんども、信長やあちこちの戦国大名の始めたことを受け継いだものだが、それを集大成し、世の中を律する総合的な制度として確立し、全国に適用したことがすごかったのである。

ナポレオン戦争と秀吉の大陸侵攻を比べると、こちらは両方とも最終的には失敗したが、ナポレオンのほうがより積極的な影響を遺したのは間違いない。また、秀吉は十分な教育を受けていなかったから、ナポレオンのように名文家ではなく、また気の利いた言葉も使わなかったのが違う。一方、その思想を記念物やイベントなどを通じて可視化することについては、ふたりとも稀有の天才であった。

あるいは、ナポレオンの功績は、ギリシア文明やキリスト教がローマ人によって普遍化され、地中海世界全体に広まったのに似ているともいえるだろう。

ナポレオンの足跡については、むしろ年表をご覧いただいたほうがいいと思うので、細かく書くことはしないが、とくに評価すべきことは、法典を制定し、官僚制度や賞勲制度を創り上げ、地方制度を定着させ、学校制度を整備し、「メートル法」など度量衡を統一し、金貨（ナポレオン金貨というと3世時代の方が一般的）の鋳造など金融制度を確立したことだ。

そのなかでも、民法典《コード・シヴィル》（「ナポレオン法典」といえば、これを指すことが多い）は、日本の民法の基礎ともなったし、戦前の都道府県と市町村の制度は、ほとんどナポレオン時代のフランスと同じものだ。

日本の諸制度はドイツの影響を受けたものも多いが、日本が導入したプロイセン王国や統一ドイツ帝国の制度の多くは、宰相ビスマルクらによってナポレオン帝政のフランスを模倣して形成されたものだから、どちらにしてもルーツはナポレオンにある。

学校制度では、とくに、リセ（日本の旧制中学校に相当）を整備し、社会的指導者を広い階層から輩出することを可能にした。また、師範学校《エコール・ノルマル》や士官学校《エコール・ミリテール》など職業学校の整備は「農民の子でも学校の先生や士官になれる。彼らの子は何にでもなれる」というフランス流の機会均等の仕組みを創り上げた。徴兵制を基礎とした軍隊の確立も、貴族階級の特権の根拠を覆した。

また、信教の自由を認めつつ、カトリックを国民大多数の宗教として位置づけたことで、ローマ教会と和解し「政教和約《コンコルダート》」を実現させたことは、王政復古を遠のかせるとともに、共和政治とキリスト教の両立への道筋をつけたし、皇帝即位は神聖ローマ帝国以来の中世的ヨーロッパに終止符を打ち、フランス革命の成果をヨーロッパ全体に普遍化させた。

ナポレオン戦争は、最後に負けたということでは失敗ではあるが、軍事的なやり方がまずかっただけで、もし、ナポレオンが成功していたら、ドイツはより自由主義的な国になり、ロシアはタタール的な帝国でなく西欧的な文明国として発展しただろうし、スペインも20世紀後半を待たずして西欧の一員になったはずだ。ポーランドは独立を維持でき、イタリアはもっと早く統一されただろう。

皇帝になったり、兄弟を他国の王として送り込んだり、マリ・アントワネットの甥の娘を皇后としたことは革命の理想に反することではあったが、各地での王政復古の運動を阻止するという目的に沿ったものとして理解できないわけではない。

また、自分の配下の将軍などに爵位を与えたが、これも、伝統的な支配層を革命国家に取り込むためには有効な手段だった。明治時代に公家や大名と維新功労者を新しい華族制度の下で統合し、旧勢力だけで団結して反体制にまわるのを防いだのは、このナポレオンの政策にならったものともいえる。

しかも、ナポレオン帝国におけるこうした世襲制は、中世的なそれのように、永続性があるものとはナポレオン自身も信じていなかったであろう。そういう意味も含めて、古代ローマ帝国が帝政をとったにせよ、帝位は長くは世襲を維持できず、常に共和国的な気分を維持したのと同様に、ナポレオン帝政は本質的に共和政の気分を失ったものではなかった。

そして、政治制度的には、選挙によって国民の承認を得た軍人政治家による強権政治という形式は、20世紀においてすら、封建制度から民主主義への過渡期的なあり方として、一定の役割を果たした。直接選挙で選ばれる元首という方式は、21世紀においてもむしろ拡大している し、現在のヨーロッパ統合は、多分にナポレオンの夢の具現化としての色彩を持っている。

ナポレオンの業績に対して賛否両論があるのは、ナポレオンの成した仕事がいまなお現代的な課題でありつづけているからなのだと私は理解している。

ナポレオン1世家族 父シャルル・マリ・ボナパルト、母マリア・レティツィア・ボナパルト、妻①ジョゼフィーヌ・ド・ボアルネ（ボアルネ子爵未亡人。ナポレオン3世の外祖母）、②マリ・ルイーズ・ドートリッシュ（神聖ローマ皇帝フランツ2世の娘。ナポレオン2世の母）、子ナポレオン2世（ローマ王。ライヒシュタット公）など。詳細は188ページの系図の説明参照。

解説 ○ナポレオンの実家はジェノヴァ領からフランス領になったコルシカ島の貧乏貴族で、先祖はフィレンツェの名門といわれる。それをナポレオンに教えたのは神聖ローマ皇帝フランツ2世だが、ナポレオンは「先祖がルドルフ・ハプスブルクでなかったのが残念ですな」などと小馬鹿にした反応しかしなかったのでフランツは感情を害した。○死因については、英国が砒素で毒殺したという説があり、遺体から検出もされているが、当時の人は一般に砒素をかなり多く摂取しており、暗殺とは断定できない。

何も学ばず何も忘れなかったエミグレたち

【ルイ18世】
Louis XVIII

▼長い亡命生活ののちに帰国して王政復古に成功した辛抱の人

誕生 1755年
即位 1814年（58歳）
死去 1824年（68歳）

ナポレオンがエルバ島に流されたとき、亡命者たちは「何も学ばず、何も忘れず」に帰ってきた。

マリ・アントワネットとルイ16世の子でルイ17世であるはずだった少年は、王妃処刑後もタンプル塔に幽閉され、「テルミドールの反動」のあと病死していた。

ルイ16世の弟で「プロヴァンス伯」と呼ばれていたルイ18世は、兄よりははるかに優れた人物で、すでに革命以前から啓蒙派であることを隠そうとしなかった。おそらく、彼が国王であれば大革命はなかったことだろう。

亡命中も、穏健派やナポレオンと交渉して復位することも視野に入れて、あまり極端な行動に参加していなかったので、ナポレオンの大臣だったが失脚していたタレーラン（元外相）やフーシェ（元警察相）にとって、話し合いやすい相手だった。

ナポレオンが失脚したのち外相に復帰したタレーランは、ウィーン会議で、オーストリアの外相メッテルニヒと協力して正統性の原則を主張し、革命以前の国境を確保した。一方で、略奪した美術品を返却しなくてもよいことにしたのは、フランスにとって大功績であった。

60歳になって馬にも乗れないほど太り、もう二度と亡命生活など送りたくないルイ18世は、賢明にも立憲王政と人権の尊重を定めた憲章を受け入れた。

だが、かつてマリ・アントワネットの遊び仲間だった弟のシャルル10世らは、アンシアン・レジーム（旧体制）への復帰を主張して人々を不安に陥れた。ルイ18世は、ひどい制限選挙によって王に選ばれ、極右によって多数を占められた議会を解散するなどして抵抗したが、王党派による白色テロの横行などに必ずしも有効な手を打たなかった。

しかも、シャルル10世の次男であるベリー公シャルル・フェルディナンが暗殺され、そのときに妊娠中だった夫人がのちに「奇跡の子」（のちの幻のアンリ5世）を出産した事件は、ますます、ウルトラ（極右）たちの反動的気分を高揚させ、王ルイ18世はそれを押しとどめられなくなった。

このころ、スペインではフェルナンド7世の反動政治に対して反乱が起きていた。これを鎮圧するために外相だった文豪シャトーブリアンらが主導して「聖ルイの子供たち」と称する軍団を送って介入したのが幸か不幸か成功し、フランスが久々に対外戦争に勝利したことは王党派の声望を高めてしまった（トロカデロ広場は、そのときの戦場の名に由来する）。

ルイ18世家族　父ルイ・フェルディナン（ルイ15世王太子）、母マリ・ジョゼフ・ド・サクス、妻マリ・ジョゼフィーヌ・ド・サヴォワ（父サルデーニャ王ヴィットーリオ・アメデーオ3世、母スペイン王フェリペ5世の娘）。

解説　○ウィーン会議で外相タレーランに同行したカーレムの料理は各国の代表団を魅了し、フランス料理の名声を確立した。○シャトーブリアンの愛人がダヴィッドの肖像画で知られるレカミエ夫人。

【シャルル10世】
Charles X

▼ランスで最後の戴冠式を行うが七月革命で追放される

誕生	1757年
即位	1824年（66歳）
退位	1830年（72歳）
死去	1836年（79歳）

ロッシーニの『ランスへの旅』

ロッシーニのオペラ『ランスへの旅』は、シャルル10世の戴冠式に向かう人々が途中の旅籠《はたご》で繰り広げるドタバタ劇で、戴冠式の直後にパリで初演され、作家スタンダールによって、この天才作曲家の最高傑作と評された。長いあいだ埋もれていたが20世紀末になって、世界的指揮者クラウディオ・アバドの尽力で蘇演された。紅白歌合戦的に何人もの一流歌手が技巧を競うもので、出演料がかさむことから上演は稀だが、人気オペラとしての地位を確立している。

「アルトワ伯」と呼ばれていたシャルル10世は、革命前には義姉であるマリ・アントワネットとともに保守派を代表して兄王の柔軟な対応を妨げ、革命が起きると早々に海外へ逃亡した。

王政復古後も、絶対王政への回帰を唱えた。

国王となったシャルル10世は、マリ・アントワネットの親友だったポリニャック夫人の息子を宰相とし、信じがたい反動政治を展開した。とくに、言論の弾圧と、それ以上に、革命で没収された資産への補償を決めたことは、人心を完全に離れさせてしまった。

このころ、新聞が普及したが、その影響も無視できなかった。とくに、のちに第三共和政初代大統領となるチエールの『ナシオナル』紙は、アメリカ独立戦争とフランス革命の英雄でブルジョワを代表するラファイエットたちに支援されて「王は君臨すれども統治せず」の原則を要求し、体制を揺さぶった。

保守派は二度にわたって選挙で敗北したが、シャルル10世はそれを無視した。

「憲章万歳」が合言葉になり、パリの街頭にはバリケードが築かれ、ノートルダム寺院に「三色旗《トリコロール》」が翻った。ドラクロワの絵画『民衆を導く自由の女神《ラ・リベルテ・ギダン・ル・プープル》』のテーマであり、ユゴーの小説『レ・ミゼラブル』は、このときの争乱を舞台としている。

だが、ブルジョワも地方の人々も革命の争乱を嫌ったし、もし、共和政になれば大統領になるべきラファイエットは責任を取りたがらなかった。このとき、チエールがオルレアン公ルイ・フィリップを「フランス国民の王《ロワ・デ・フランセ》」とすることを提案した。

追い込まれたシャルル10世は、オルレアン公を摂政にするとか、国民に不人気な長男アングレーム公でなく、次男ベリー公の遺児である幼児アンリに譲位するなどと提案したが遅かった。

ラファイエットは、パリ市役所のバルコニーでオルレアン公に「三色旗」を掲げさせて抱擁した。パリの市民は、新しい王政など創るつもりではなかったが、この感動的な演出に幻惑されて歓呼し、七月王政が成立した（1830年）。

シャルル10世家族 父ルイ・フェルディナン（ルイ15世王太子）、母マリ・ジョゼフ・ド・サクス、妻マリ・テレーズ・ド・サルデーニュ（ルイ18世妃の妹）、子アングレーム公ルイ・アントワーヌ（夫人はルイ16世の娘）、ベリー公シャルル・フェルディナン（シャンボール伯アンリの父）。

ドラクロワの『民衆を導く自由の女神』

【ルイ・フィリップ】
Louis Philippe

▼七月革命で擁立され「フランス国民の王」を名乗ったブルジョワ王だったが…

誕生	1773年
即位	1830年（56歳）
退位	1848年（74歳）
死去	1850年（76歳）

「オルレアン公」の称号は、かつてヴァロワ朝ルイ12世が名乗ったこともあり、有力な親王が名乗ることになったが、たびたび断絶し、最後にブルボン朝ルイ14世の弟フィリップ（のちの

オルレアン公フィリップ1世）がこの称号を得た。

彼は女装を好み男色家であったが、英国王チャールズ1世の王女アンリエット及びプファルツ選帝侯の娘エリザベート・シャルロットとのあいだに多くの子を成し、マリ・アントワネットも彼の曾孫であることはすでに書いた。

その嫡男がルイ15世の摂政オルレアン公フィリップであり、さらに、その曾孫はフランス革命期に「フィリップ平等公《エガリテ》」と呼ばれ、革命派に属し、ルイ16世の死刑にも賛成した。

だが、その息子のルイ・フィリップがオーストリア軍との戦いに従軍中に、上司だったデュムーリエ将軍が敵に投降した事件に巻き込まれ、そのとばっちりで父フィリップ平等公は裏切り者として処刑された。

息子のルイ・フィリップは、亡命者たちのあいだでは革命派として冷遇され、ジュネーブで教師などをして生計を立てたが、両シチリア王ブルボン家のマリ・アメリと結婚して王家の人々と和解し、王政復古ののちに帰国した。彼は母方のパンティエーヴル・ブルボン家（ルイ14世の庶子トゥールーズ伯の系統）から膨大な財産を受け継ぎ、パレ・ロワイヤルを自由主義者の巣窟にしていた。

七月王政は、穏健でまことに物わかりのよい体制だった。対外的には、北アフリカのアルジェリアの植民地化を進めたが、それ以外には、対英協調を重視し無理をしなかった。七月革命がベルギーに波及し、ネーデルラント王国（オランダ）からの独立を宣言し、ルイ・フィリップ王の次男ヌムール公を王として迎えようとしたのに、英国に配慮してザクセン・コーブルク家のレオポルド1世を国王とし、娘のルイーズを王妃として嫁がせることで我慢したが、こうした外交政策は栄光に慣れたフランス人をいたく失望させた。

経済政策では、産業の自由を擁護し、経済は発展したが、利権政治の横行で庶民の不満は高まった。「構成員が自らの利益を引き出すことを目的としてあらゆる活動がされる営利企業だというのが七月王政の本質だ」と、政治思想家トクヴィルは喝破した。

七月王政では、チエールとギゾーというふたりの一流歴史家が主要な政治家として活躍した。両者ともブルジョワ的であることに変わりはなかったが、チエールは革命的な気分の継承は否定せずに、皇帝ナポレオン1世の名誉回復に務め、凱旋門《アルク・ド・トリオンフ》を完成させ、1940年にセント・ヘレナ島から皇帝の遺骸を廃兵院《アンヴァリッド》に迎えた。

一方、ギゾーは「貧民には民主主義のもとで正しい判断を下す準備ができていない」とし、制限選挙の維持を正当化した。初等教育の充実を実現したが、これは、人民教化の手段という位置づけだった。彼の言い分に理由がないわけではなかったが、時代的気分には合わなかった。

ルイ・フィリップ王は、世論の批判にも楽観的というか優柔不断だった。それでもユゴーら自由主義派は王太子で開明的なオルレアン公フェルディナン・フィリップに期待をつないでいたが、彼が馬車の事故で死亡したことで失望し、この政権から離れた。

七月王政の死はあっけなかった。首相だったギゾーがパリでのある集会を禁止したところ、民衆の抗議運動が起こり、バリケードが築かれた。ルイ・フィリップ王は急いでギゾーを罷免してチエールらを呼び戻したが、民衆の放った銃弾に過剰反応した軍が発砲して20人の死者が出たのを契機に暴動が市内に広まった。

チエールは王にサン・クルーに退くように進言した。それが、成功していれば、20年後のパリ・コミューンのときと同じように、暴動はいずれ収拾されただろうが、脱出のタイミングを逃してしまった。王は退位し、王太子で孫のパリ伯に譲位したが、反乱側は共和政府の樹立を宣言し、王一家は亡命するしかなかった。

現代でもそうだが、フランスでは直接行動は選挙に劣らず重要な国民主権の行使なのだ。

ルイ・フィリップ家族

父オルレアン公ルイ・フ――イリップ2世、母親ルイーズ・マリ・ド・ブルボン・パンティエーヴル（ルイ14世の庶子トゥールーズ伯の子孫）、妻マリ・アメリ・ド・ブルボン（両シチリア王フェルディナンド1世とマリ・アントワネットの姉マリア・カロリーナの娘）、子オルレアン公フェルディナン・フィリップ（王太子。1842年に事故死。パリ伯の父）、ルイーズ・マリ（初代ベルギー王レオポルド1世妃）、ヌムール公ルイ、クレマンティーヌ（初代ブルガリア王フェルディナンド1世の母）、ジョワンヴィル公フランソワ、オマール公アンリ（コンデ公の遺産を継承、寄付してシャンティイー城美術館とする）、モンパンシエ公アントワーヌなど。

オルセー美術館の展示は二月革命から

二月革命

パリのオルセー美術館の展示は、19世紀の文明がテーマだが、その扱う時代は1848年から1914年まで、ほぼ日本の幕末から明治の年代に合致する。先進国では産業革命が進み、鉄道や蒸気船が大量高速輸送を実現し、教育が庶民にまで普及し、憲政が確立し、植民地化の進展で地球全体がどこかしらの文明国の支配に置かれた。

二月革命が時代の大きな変わり目になったのは、そこで、言論の自由、普通選挙、労働権の確立がテーマとなり、それらが実現する出発点となったからである。臨時政府は、首班のデュポン・ド・ルールなど自由主義者が主体だったが、社会主義者も入り、生存権・労働権・結社権などの確認や「国立作業場」の設置などを行い、言論・出版の自由が保障された。

普通選挙で憲法制定国民議会の議員が選ばれたが、結果は、パリの急進的な雰囲気とはかけ離れていた。国立作業場の閉鎖を機に、パリの労働者が六月蜂起を行ったが鎮圧され、アルジェリア戦争の英雄であるカヴェニャックが政府の中心となった。

彼は、自分がそれになるつもりで大統領に強い権限を与える憲法を起草したが、選挙の結果は、ナポレオン1世の甥であるルイ・ナポレオン（のちにナポレオン3世と呼ばれる）が550万票という圧倒的な票数で当選した。これは、この10年あまりののちにアメリカ合衆国大統領リンカーンが獲得した票の3倍だ。

だが、反対に保守派が優勢だった議会は制限選挙を導入しようとした。この状況を利用したルイ・ナポレオンは、クーデターを起こして議会を解散し、普通選挙と大統領の再選を許す新憲法草案を国民投票にかけ、承認された。そして、伯父ナポレオン1世と同じように国民投票で第二帝政の開始が決まった。

秩序の維持と革命的精神の堅持、そして、対外的栄光を満足させようとすれば、ほかに選択肢はなかったのかもしれなかった。

だが、クーデターの乱暴さ、その後の言論弾圧や反対派の粛清の厳しさは、癒しがたい傷を残し、ブリュッセル、ついで、英仏海峡諸島《チャネル・アイランズ》での亡命生活を送った作家ユゴーのような執拗な抵抗者をつくったのである。

社会主義者、小ナポレオンとスペイン美人

【ナポレオン3世】
Napoléon III

▼フランスに繁栄をもたらすが、ビスマルクの術中にはまる

誕生	1808年
即位	1852年（44歳）
退位	1870年（62歳）
死去	1873年（64歳）

第二次世界大戦でナチス・ドイツに占領されたパリのために、ドイツ国初代総統ヒトラーが選んだ贈り物は、ナポレオン2世の遺骸であった。

ナポレオン1世とオーストリア皇女マリ・ルイーズとの子である、いわゆるナポレオン2世は「ローマ王」と名づけられていたが、父の失脚後はウィーンでライヒシュタット公として育てられた。母マリ・ルイーズはナイペルク伯と再婚し、ライヒシュタット公は放置された。ドイツ人として育てられながらも、密かに父への憧れを育んでいたといわれるが、1832年に21歳で病死し、政治の表舞台に登場することはなかった。

その死後は、ナポレオン1世の兄である元スペイン王ジョゼフが推定皇位請求者となった

が、その彼も1844年に死んだので、ナポレオン1世の弟でオランダ王だったルイと、ナポレオン1世の最初の妻ジョゼフィーヌがボアルネ子爵との最初の結婚で得たオルタンスという娘の三男であるルイ・ナポレオン（ナポレオン3世）が、ボナパルト主義者たちの希望の星となった。

社交的なオルタンスは、地味なオランダ王ルイと性格が合わず離婚したが、義父ナポレオン1世には最後まで忠実だった。スイスで亡命生活を送り、息子のルイもそこで育ったので「スイス人のようにドイツ語を、フランス人のように英語を、ドイツ人のようにフランス語を話す」（アンドレ・モロワ『フランス史』による）といわれた。

ルイは、イタリアの炭焼党《カルボナリ》の反乱に参加し、フランス国内でも二度決起を図って収監された。空想的社会主義者といわれるサン・シモンの愛読者で、思想においては左派的だった。伯父ナポレオン1世の礼賛者だったユゴーは、ナポレオン3世を「冷淡で青白く眠たそうな鈍い様子をした、見栄っ張りで、下品で、芝居がかった人物」と評したが、温厚な印象で聞き上手であり威厳がなくもなかった。

ナポレオン3世は、オルタンスから質のよい教育を受け、知的で万般に渡って理解力があったので、宰相を置かずに、自ら判断し、経済政策や都市開発について優れた判断を示した。とくに、セーヌ県（パリ首都圏）知事オスマン男爵とともに行った大胆なパリ改造は、激しい抵抗にあったが、現在のパリの骨格を創ったものとして、今では高く評価されている。

スペイン人のウジェニー皇妃を中心とした宮廷は、高級娼婦など怪しげな人物も多く出入りしていかがわしかったが、華やかで楽しいことは比類なかった。小説『カルメン』で知られるメリメなど文化人も参加し、知的な要素に欠けていたわけでもなく、パリは「首都のなかの首都」として世界に君臨した。万国博覧会が開かれて、日本から幕府と薩摩・琉球が別々に参加してひと悶着起こしたり、駐日公使のロッシュが幕府を支援したのもこのころだ。

外交では、英国と組んでオスマン帝国を助けてクリミア戦争で勝利し、１８１２年のロシア遠征の屈辱を晴らした。イタリアでは、サルデーニャ王国のカヴール首相が、王家の発祥の地であるサヴォワと、ニースをフランスに割譲するという大胆な提案をしたので統一を容認したが、ウジェニー皇妃らカトリック派の圧力で中途半端な対応に転じて成功を傷つけた。

アメリカ南北戦争で南軍に好意を見せたり、その混乱に乗じてメキシコにハプスブルク家のマクシミリアンを皇帝として送り込んだが、惨めな失敗に終わった。

この第二帝政があっけなく崩壊したのは、政治的自由化への遅れとドイツ統一への対応の失敗の相乗作用がゆえであった。なにしろ、ほとんどの期間、宰相を置かずに親政を行ったので逃げ場がなかった。ナポレオン3世は、いずれ言論の自由の拡大や議会の役割の増大など、政治的に自由化せざるを得ないことは理解していたので、1860年代に入ってそれに着手した。

このことによって統制の軛《くびき》を脱した世論は反政府的になり、外交面での栄光も要求した。そんなときに、プロイセンのビスマルクはオーストリアと戦いながらドイツ統一を進めていた。ナポレオン3世は、カヴール首相にしたのと同じようにビスマルクに協力し、そのことによって、たとえば、ルクセンブルクとかプファルツといったところで領土を得ることは十分可能だった。

だが、そのためには、ビスマルクの戦争が済むまでに条約か軍事行動で保証を得なくてはならなかったが、それを怠った。ビスマルクは、後出しでの要求をせせら笑い、挑発した。これに乗せられたフランスの世論は沸き立ち、王都ベルリンへ進軍することを要求した。準備もできていないのに皇帝は出陣し、独仏国境のスダンで捕虜となった。

これほどの惨めな敗戦にもかかわらず存続できるのは、日本の皇室のような長い歴史に基づく正統性をもった王朝だけである。第二帝政の終末はあっけなかった。

歴史家からこれ以上に悪いようにいわれてきた政体もあまりないが、冷静に考えれば、その誕生のいかがわしさと、最後の外交的失敗を除けば、これほど多くのことを成し遂げた政体もないという再評価も最近では盛んだ。たしかに、第一帝政が具体的なかたちにして見せたフランス革命の成果は、第二帝政を通じて確固たるものになったともいえる。その意味では、それなりの再評価はされるべきなのであろう。

ナポレオン3世家族 父オランダ王ルイ（ナポレオン1世の弟）、母オルタンス・ド・ボアルネ（ナポレオン1世の妻ジョゼフィーヌの娘）、妻ウジェニー・ド・モンティジョ（スペイン人モンティホ伯ドン・シプリアーノとスコットランド系ワイン商の娘を父母としてグラナダに生まれる）、子ナポレオン・ウジェーヌ・ルイ・ボナパルト（ナポレオン4世）。

解説 ○この宮廷では、皇帝ナポレオン3世一族のユニークな何人かが活躍した。皇帝の母オルタンスは、オランダ王ルイとの離婚後に外相タレーランの庶子シャルル・ド・フラオと同棲したが、そのあいだに生まれたのが、モルニー侯爵で内相、パリ市長、立法院議長などを務めた。伯父ナポレオン1世とポーランドの伯爵夫人マリア・ヴァレフスカの子であるアレクサンドル・ヴァレフスキは、外務大臣を務めた。容姿も声も父親そっくりだったという。ナポレオン3世はアレクサンドルの夫人と情を通じたといわれる。○イタリア統一については、サルデーニャ王国首相カヴールの従姉妹であるカスティリオーネ伯爵夫人が、ナポレオン3世の愛人となって工作に当たった結果といわれるが、ウジェニー皇妃が教皇の意を受けて邪魔したのも嫉妬が一因か。○ナポレオン3世については、国民議会議長を務めたセガンによる伝記が話題になったり、日本でも『怪帝ナポレオンⅢ世』（鹿島茂著、講談社）などという本が出ている。

コラム⑩

フランス経済史

ローマ帝国支配下のガリアでは、帝国の他の地域と同様に道路が整備され、都市が発達した。中心都市は、経済学者カール・マルクスの生地としても知られるモーゼル河畔のトリーア（現在のドイツ）だったが、蛮族の侵入後にはアルル（フランス南部）に移された。

ガリアの人々は、ローマの将軍カエサルの時代から金属器などを器用に製作し、刈り取り機の利用など農業技術でも高い能力を示していた。また、ガラス製品とともに、繊維製品も高品質で知られ、人気のあったフード付きのマントは、これを愛好したローマ皇帝アントニヌス（カラカラ帝）の通称となったくらいだ。

田園地帯では、かなりの自給自足が可能な大規模な荘園（ウィラ）が発達していった。ローマ帝国の衰微の結果、奴隷だけでなく、困窮した自由民を包み込むかたちで、このような荘園が発展していったのは、日本の中世と同じことである。

だが、蛮族の侵入は、このガリアの富を破壊し尽くした。彼らは、占領地の富を収奪し尽くすまで逗留し、得るものがなくなれば移動していったからである。貨幣経済も衰退し、遠距離の交易は難しくなった。そうした無秩序のなかで、修道院は行政機構としても、農業や産業の技術開発の場としても、辛うじて機能する存在であった。

そして、10世紀あたりから13世紀にかけて、ヨーロッパでは森や低湿地が開墾され、本格的な農業社会になった。三圃制や牛に引かせる鋤の改良で農業生産力が高まったし、領主たちの力が高まり、それなりに治安も改善した。十字軍の派遣も交易を盛んにし、新しい技術や作物の導入を図ることの契機になった。12世紀は、ヨーロッパが後進地域から脱していくターニングポイントであった。

交易も、初めはシャンパーニュの定期市のようなかたちで行われ、やがて、都市が復興してきた。交易は船、それも、海洋を結ぶ大型の船が使われるようになった。生活習慣も、穀物だけでなく肉や野菜の消費が増え、また、毛織物も需要が増えたことから、牧畜が盛んになり、穀物の生産が減ったために飢饉が起きたりもした。

15世紀には、新大陸や東洋への道が開かれ、通貨は下落し、産業が発展した。都市への人口流入も進んだ。フランスではルイ14世を頂点とする絶対王政が確立し、制度的な安定とインフラ整備は進んだが、産業の発展は十分でなく、ユグノー（カルヴァン派新教徒）の追放はそれに輪をかけた。また、絶対王政の実現のために貴族などを収入確保を条件に懐柔し、特権を与えたことのつけもあり、経済の発展に伴う財政の改革が進まず、大革命の原因にもなった。

大革命の時期を経て、フランスの産業は七月王政や第二帝政のもとで発展した。政治的には評判のよくない、このふたつのブルジョワ主導体制だが、こと経済面から見た場合には、かなりの成功を収めたとして、近年では再評価する人も多くなっている。

七月王政は地方名望家の時代、第二帝政は産業の時代である。産業革命は七月王政のころは繊維産業を中心に留まったが、第二帝政になって重工業が発展した。そして、急速に進められた鉄道の建設は製鉄業の隆盛をもたらし、その完成はあらゆる産業の販路を広げた。また、ナポレオン3世は英国とのあらゆる場面での協調をめざし、自由貿易に舵を切った。

普仏戦争での敗北は工業地帯であり石炭や鉄鉱石の資源があるアルザスとロレーヌの半分の喪失をもたらした。また、このころから人口の停滞が深刻になった。それでも、フランスの産業はそこそこには発展した。そんななかで、自動車はフランスで実用化されたといってもよいものだったが、大産業への発展はアメリカでのものだった。

ベル・エポックのパリは世界から の観光客で賑わい、世界に先駆けて観光客の誘致が政策として体系化された。そして、両大戦間のフランスでは、人民戦線内閣によって有給休暇の創設など労働者の保護が図られ、これはフランス人の購買力の向上に役立った。また、農業の構造改善が進んだ。

第二次世界大戦後は、革新勢力が政権に加わったことで、幅広い国有化が進められ、また、官民の協力による混合経済が実行に移された。これは、疲弊したフランスの経済立て直しにおおいに貢献したし、『官僚たちの夏』（城山三郎）の時代の日本の産業政策の模範となった。

その後のフランス経済は、ヨーロッパ統合の牽引車となることを通じて世界における影響力を拡大し、それなりの体質改善にも成功した。

とくに、先端産業分野では大きな成功を収めているが、あまりにも先端的すぎて大量生産になじまないことが多いのも事実である。コンコルドはその典型だった。しかし、エアバスの成功は、フランスの先端的な技術力が、ヨーロッパ各国の協調のなかで花開いた好例といえる。

第7章 共和国の支配者とセレブたちの愉しみ

——共和政の時代——

国王〈在位期間〉	出来事
第三共和政〈1870－1940〉	トロシュの国防政府成立（70）。ビスマルクと休戦協定。国民議会選挙で王党派勝利。ヴェルサイユ仮講和条約でアルザス、ロレーヌ割譲。プロイセン軍パリ入城。パリ・コミューン成立。フランクフルト講和条約。「血の週間」でコミューン鎮圧（71）。チエールに替わり王党派のマクマオンが大統領に（73）。共和政が確定（75）。王党派のブロイ首相が共和派の勝利で辞任（77）。共和派のグレヴィが大統領に。『ラ・マルセイエーズ』が国歌に（79）。7月14日が祝日に。三色旗が国旗に。フェリー内閣（80）。チュニジアを保護領化（81）。ヴェトナム支配確立。マダガスカル保護領に（85）。ブーランジェが政権掌握に失敗し亡命。エッフェル塔完成（89）。カルノー大統領暗殺。ドレフュス逮捕（94）。ゾラが『私は弾劾する』を発表。ファショダ事件（98）。共和派圧勝（02）。『ユマニテ』創刊。英仏協商成立（04）。政教分離法成立（05）。クレマンソー首相に（06）。仏英露協商成立（07）。ナショナリズム高揚。モロッコ保護国化（12）。ポワンカレ大統領に（13）。総選挙で社会党・急進社会党勝利。第一次世界大戦（14）。ヴェルダン攻防戦（16）。クレマンソー内閣成立。ロシア革命（17）。フォッシュ将軍が連合国軍最高司令官に。コンピエーニュで休戦協定調印（18）。ヴェルサイユ条約（19）。各地で労働争議拡がるがゼネストは抑圧される。セーヴル条約でシリアを保護領に。社会党多数派がコミンテルンに加盟（20）。パリ不戦条約。社会保険制度導入（28）。世界恐慌が波及（32）。人民戦線内閣成立（36）。ミュンヘン協定（38）。第二次世界大戦始まる（39）。パリ陥落。ペタン元帥組閣。ドゴールがロンドンから抵抗を呼びかけ。休戦協定。政府がヴィシーに移転。第三共和政廃止（40）。
フランス国〈1940－1944〉	ペタンがフランス国主席に就任。ユダヤ人排斥法（40）。独仏開戦で共産党がレジスタンス派に。ドゴールが自由フランス国民委員会結成（41）。ラヴァルがヴィシー政府首相に。連合軍仏領北アフリカに。ユダヤ人の収容所移送始まる（42）。ムーランが全国抵抗評議会結成。ドゴールがアルジェリアに解放委員会を設立（43）。レジスタンスがフランス国内軍に統合。共和国臨時政府樹立。ノルマンディ上陸。パリ解放（44）。

臨時政府〈1944―1946〉	臨時政府成立（44）。婦人参政権。ヴェトナム独立宣言。憲法制定国民議会選挙で共産党が第一党に。ドゴール首班の連立内閣。基幹産業国有化（45）。ドゴール辞任。選挙で人民共和運動が第一党に。憲法案国民投票で可決（46）。
第四共和政〈1946―1958〉	総選挙で共産党が第一党に。ブルム社会党内閣成立（46）。共産党が閣外に去る（47）。インドシナ三国がフランス連合内で独立（49）。ヨーロッパ石炭鉄鋼共同体条約（51）。ディエン・ビエン・フー陥落。マンデス・フランス首相に。インドシナ戦争終結（54）。モロッコ・チュニジア独立。ザールが西ドイツに復帰（56）。欧州経済共同体（EEC）発足。アルジェリア情勢が緊迫化しドゴール再登場（58）。
第五共和政〈1958―〉	第五共和政憲法が国民投票で可決。アフリカなどの植民地がフランス共同体内で独立（58）。アフリカ諸国完全独立。核実験成功（60）。アルジェリア軍部反乱（61）。大統領直接選挙制が導入される（62）。英国のEEC加盟を拒否（63）。NATO離脱を通告（66）。欧州共同体（EC）を設立（67）。五月革命（68）。ドゴール退陣、ポンピドゥーが大統領に（69）。社共共闘成立（72）。ジスカールデスタンが大統領に（74）。シラク首相退任（76）。ミッテランが大統領に。企業国有化。死刑廃止。TGV開通（81）。シラク首相になりコアビタシオン成立（86）。欧州連合（EU）設立のマーストリヒト合意（92）。EC統合市場開始（93）。ユーロトンネル開通（94）。シラクが大統領に（95）。徴兵制廃止が決まる（96）。ユーロ誕生（99）。大統領任期が7年から5年に（02）。サルコジが大統領に（07）。リスボン条約が発効しEU大統領設置（09）。

ドイツ帝国はヴェルサイユ宮殿で建国を宣言した

鉄血宰相ビスマルクによって打ち立てられた「ドイツ第二帝国」の建国宣言は、普仏戦争の余燼《よじん》さめやらぬうちにヴェルサイユ宮殿鏡の間で行われた。ルイ13世と宰相のリシュリュー、ルイ14世、そして皇帝ナポレオン1世によって封じ込められた統一ドイツの復活を、全ヨーロッパに見せつけるには、この場所こそがもっともふさわしかったのである。

その際、初代ドイツ皇帝となったヴィルヘルム1世が、シャルルマーニュ（カール大帝）の後継者としての地位を獲得したことが示され、かつてのロタール1世の王国の一部であるアルザスとロレーヌ（一部）は、その地域選出の議員たちの猛抗議にもかかわらず、ドイツ帝国に編入されることになった。

そののち、この地域は、皇帝直轄領としてプロイセン人たちに支配されたが、第一次世界大戦のフランス共和国の勝利によってフランスに戻り、第二次世界大戦中にはドイツに編入されそうになったが、解放によって再びフランス領であることが確定した。

ドイツ時代のエルザス（アルザス）で生まれたカール・ムンクは、名指揮者ヴィルヘルム・フルトヴェングラーの下でライプツィヒのゲヴァントハウス管弦楽団のコンサートマスターだったが、フランスへの返還後はフランスを代表する指揮者シャルル・ミュンシュになった。ロートリンゲン人（ロレーヌ人）ロベルト（ロベール）・シューマンは、第二次世界大戦後にフランスの首相になり、「ヨーロッパ統合の父」と呼ばれる存在になった。

アルザス地方のストラスブールは、神聖ローマ帝国時代の面影をプラハとともにもっともよく伝える中世都市であるが、ヨーロッパ議会がここに置かれていることは、統一ヨーロッパが9世紀のヴェルダン条約によって分断させられたヨーロッパの再建に他ならないことを何よりも象徴しているのである。

パリ・コミューンと第三共和政の成立

普仏戦争のあと、フランスはしばらくの混乱を経て、第三共和政となった。皇帝ナポレオン3世が仏独国境のスダンで降伏し捕虜となったのを受けて、パリでは民衆が蜂起し、ブルボン宮（帝国議会）を囲んだ。帝国議会は自らその機能を停止し、トロシュ将軍を首班とする国防政府が樹立された。

国防政府は戦争を継続しようとし、プロイセン軍によるパリ包囲にもかかわらず、ガンベッタ内相が気球で脱出して、トゥールを本拠に国民軍を組織した。

だが、七月王政の指導者のひとりだった穏健共和派のチエールはビスマルクと交渉し、総選挙を行うための停戦を勝ち取った。ビスマルクとしても、戦果を確定するためには、正当なフランス政府の存在が不可欠であることを理解したのである。

この選挙で多数派を占めたのは王党派だった。「1830年の七月革命以来、城館から出たこともなかった人々」(アンドレ・モロワ『フランス史』による)が、臨時議会が開かれたボルドーにやってきた。チエールが初代大統領となり、アルザス・ロレーヌ地方の割譲と50億フランの賠償支払いが受け入れられた。アルザス・ロレーヌ地方の議員や作家ユゴーは猛抗議したが、フランス人は現実主義に立ち戻り、戦争の終結を望んだ。

講和の条文に基づき、プロイセン軍はパリ入城のパレードを行い、パリ市民を歯ぎしりさせた。このころ、パリの労働者などでなる国民軍に給与が払われていたが、チエールがこれを停止し武装解除しようとしたことは、パリの市民を愛国的精神と生活のための実利の両方の理由で憤激させた。

彼らは独自の選挙を行い、パリ・コミューンの成立を宣言した。だが、ヴェルサイユに移ったチエールの政府は、周到に準備してパリを包囲し、二月革命での市街戦の経験を持つ幹部がまだ残っていた正規軍はにわかづくりの反乱軍に対し優位に立ち、最後は、ペール・ラシェーズ墓地の壁の前に追い詰めて虐殺した。

この共和派の同志たちを犠牲にしたおかげで、チエールは、とりあえずは王党派の信頼も勝ち得て、ビスマルクとの講和を完成させ、国民的英雄として人気は絶頂に達した。だが、政治的安定が取り戻されると、この人気は目障りなものになった。

チエールは解任され、クリミア戦争の英雄で王党派貴族のマクマオンが大統領になった。もはや、王政復古《レストラシオン》は時間の問題だと誰もが信じた。

ここからの詳しい経緯は、エピローグ「21世紀になっても王政復古を狙うプリンスたち」を読んでいただきたいが、もう一歩で王政復古というところでどんでん返しが起きた。シャルル10世の孫であるシャンボール伯アンリが「三色旗」を拒否して、白地に百合の花をあしらったアンリ4世の旗にこだわったことで王政復古は頓挫した。「幻のアンリ5世」(シャンボール伯)は、王になるためにカトリックに改宗したアンリ4世ほど柔軟でなかったのだ。

仕方なくマクマオンは、いつでも王政復古が可能なように、大統領は直接選挙でなく両院での投票で選ばれ立憲制のもとでの国王のように実権をもたない、首相は議会の信任を必要とする、国民議会のほかに市町村議員の代表らで構成される元老院を設けて急進的な改革を避けさせるといった第三共和政憲法を定めた。

だが、とりあえずの臨時体制のはずだった共和政は、予想外にうまく機能した。戦争の傷は癒え、産業は発達し、人々の生活は向上した。この穏健な共和政がフランス国民の統合を維持するために悪くない選択であることは明らかだった。そこで、フランス人は1876年の選挙で共和派の議会を選んだ。

この共和政確立のイデオローグだったのは、ガンベッタ内相だった。1869年の選挙では「ベルヴィル綱領」で急進主義を掲げ、普仏戦争後は、革命戦争の思い出を語って共和主義と愛国主義を結びつけた。地方において共和派が多数を占めたのは、彼の遊説の成果である。だが、カリスマ性が警戒され、なかなか首相にしてもらえず、失敗が確実なときになってやっとその望みがかなえられた。予想どおり彼の内閣は短命だった。

その彼が、もうひとつ執着したのが、レオニー・レオンという謎の女性だった。ビスマルクのスパイとも噂されたこの女性との結婚を3日後に控えたガンベッタは、謎の「拳銃事故」を起こし、その傷がもとで死んだ。ガンベッタの死で「共和国は情熱を失った」。こののち、フランス政治は、ドゴール将軍の登場まで左派と右派のあいだで中道派がシーソー・ゲームを楽しむ舞台となった。

ベル・エポックの爛熟とドレフュス事件

普仏戦争から第一次世界大戦までの時期は、「ベル・エポック」（良き時代）と呼ばれる華やかな時代である。1889年には革命100周年を祝う第4回万国博覧会が開かれ、その目玉としてエッフェル塔が建築されて大景観論争を巻き起こした。

ギュスターヴ・エッフェルも設計に参加した百貨店ボン・マルシェは、近代的なデパートの元祖で「消費者のためのカテドラル（大聖堂）」として空前の成功を獲得した。文部大臣フェリーが、無償の、宗教的色彩を排除した学校制度を完成させたことも特筆すべき成果だった。

第三共和政は、いくつかの試練はあったものの安定を保った。ちょっとしたハプニングは、「ブーランジェ事件」、そして「ドレフュス事件」であろう。

ボナパルト派は普仏戦争の敗北で国民の信頼を失ったが、数年ほどすると徐々に回復してきた。だが、皇帝ナポレオン3世と美しいウジェニー皇妃の息子で期待の星だった「ナポレオン4世」が、南アフリカでズールー人と戦って戦死してしまったことで、失速していく。

彼らは新しいボナパルトを求めていた。そこに現れたのがジョルジュ・ブーランジェ将軍だった。ブーランジェは陸軍大臣として兵士たちの待遇改善で人気を博した。

このころ、議会では、かつてフランスを統治したことがある一族の当主の国内居住禁止と、家族の公職からの追放が決められた。これは現職軍人には適用されないはずだったが、ブーランジェ陸軍大臣はオルレアン家の人々を追放して共和派を喜ばせた。やがて、人々はブーランジェこそがドイツへの復讐を実現する人だと幻想をいだくようになった。

軍を退いて代議士になった彼は、憲法改正をめぐる論争の末に、フロケ首相と決闘をしたが、このことすら人気を高める原因になった。民衆は熱狂し、彼がクーデターを決意すれば成功は疑いなかった。

だが、彼は躊躇し、政府が彼の国外追放を決めると、愛人であったマルグリット・ド・ボヌマンとともにベルギー王国の王都ブリュッセルに逃れ、2年余り後に彼女が病死するとその墓の前で自殺し、「ブーランジェ事件」はあっけなく幕を閉じる。

「ドレフュス事件」は、ユダヤ人問題に火をつけ、シオニズム運動の出発点にもなった世界史的な事件である。

このころ、王政復古への希望に展望を見出せなくなっていた右翼は、ジャンヌ・ダルク、フランス革命、国旗「三色旗」、国歌『ラ・マルセイエーズ』といったものをシンボルとする民族主義的な色彩を強めていた。フランス経済は好調だったが、このことがユダヤ系の金融資本などに大きな利益をもたらし、階層を超えた反感が高まっていた。

事件のきっかけは、ベルリンの大使館で参謀本部内にスパイがいることを示すメモが見つかったことにある。捜査を開始したところ、筆跡がユダヤ人であるアルフレド・ドレフュス砲兵大尉に似ているとして逮捕し、南アメリカの仏領ギアナ沖にある悪魔島《イル・デュ・ディアーブル》の要塞で終身禁錮とした。証拠は十分でなかったが、反ユダヤ主義のマスコミに煽られて軍幹部が突っ走ったのである。

だが、無実を信じる妻リュシーと兄のマチューらは再審を求める運動を始めた。2年後に、軍内部でも、真犯人はフェルディナン・エステルアジ少佐（作曲家ハイドンが楽長を務めたハンガリー大貴族の傍流）であることが突き止められた。

だが、軍上層部は信用失墜を恐れてもみ消しをはかり、作家エミール・ゾラが新聞に『私は弾劾する《ジャキューズ》』を発表するなど進歩的な知識人から集中砲火を浴びた。だが、再審でもドレフュスの無罪は認められず、「恩赦」が認められただけだった。にもかかわらず、事件発覚から12年たった1906年になって無罪が確定し、軍と「愛国的」右翼の威信は地に墜ちたのである。そして、ユダヤ人が自らの国を持たねばという意識の覚醒がシオニズム運動の原点となり、20世紀においてさまざまな問題を引き起こす。

エリゼ宮で腹上死した大統領

ドイツ帝国鉄血宰相ビスマルクは、フランスの対独復讐を避けるために、フランスと英国が植民地獲得競争に邁進するようにし向けた。北アフリカのチュニジアをイタリアの要求をはねのけて、フランスに与えたのはその一例である。

アルジェリアなどには、ドイツ領になったアルザスやロレーヌからドイツの支配を嫌う多くの移民が入り、国内と同等の「県《デパルトマン》」まで設けられた。サハラ砂漠の南では、セネガルやコートジボワールから奥地への探検が始まった。アフリカの植民地化は、初めのころはポルトガルなどが海岸に貿易のための港を確保し、そののちに奴隷貿易を始めたが、内陸部は先住民が支配し、ヨーロッパ各国は彼らと取引をしていたのである。アフリカの分割が始まったのはこのころだ。

フランス国内政治に目を移すと、伝統的な右派が勢力を減退したあと、左派だけでなく、中道派も力を増してきた。教会は長らく共和国と対立してきたが、ローマ教皇がレオ13世になると、自由放任主義や共産主義のようにキリスト教的な価値観と対立するものは困るが、政治体制としては民主主義でも構わないとなり、キリスト教民主主義が成立した。

一方、共和派のなかで小市民的な人々は、名前は急進派《ラディコ》だが、現実には体制化した穏健改革派をなすようになってきた。そんななかに、議会の論戦を通じて多くの内閣を倒したことから「虎」というあだ名を持つジョルジュ・クレマンソー（のちの首相）がいた。

かつてブーランジェ将軍を引き立てたこともあったがのちに決別し、ドレフュス事件では、新聞『オーロール』紙主筆としてゾラの弾劾文を掲載するなどした。熱狂的な愛国主義者で、対独復讐の急先鋒だった。

クレマンソーは、ドレフュス事件で威信を失った軍を再建し、仏英露の三国協商を結ぶことに成功した。英国はその前に日英同盟を結んでいたから、これで第一次世界大戦の連合国の枠組みが完成したのである。準備は万端だった。

このベル・エポックの時代、大統領はもはや飾りにすぎなくなった。そんななかで名前を遺しているのは、暗殺されたサディ・カルノーとポール・ドゥーメルのふたりと、そして、フェリックス・フォールである。革製品の職人から事業家として成功し、大統領になったこのノルマンディ人は、エリゼ宮で愛人のマルグリット・スタンネル夫人との情事の最中に死んでしまった。

駆けつけた司祭が「大統領閣下はまだ、意識《コネサンス》があるのか」と聞いたところ、側近が「いえ、大統領のお知り合い《コネサンス》は裏の階段から出て行かれました」と答えたという逸話が広く知られている。

第一次世界大戦のほうが第二次世界大戦より重要なわけ

「パリ祭」（7月14日の革命記念日）は、フランスのナショナル・デイであって、世界中のフランス大使館でも盛大なパーティーが開かれる。だが、それに次ぐ大事な祝日はというと、11月11日の「休戦記念日《アルミスティス》」である。といっても、第二次世界大戦のそれではなく1918年に第一次世界大戦が終わった日のお祝いだ。

なにしろ、第二次世界大戦は、いったんナチス・ドイツに負けたあとで、レジスタンスを続けたドゴール将軍らが英米の支援でナチスからフランスを「解放《リベラシオン》」したのであって戦争に勝ったとは言い難い。だから、「戦勝《ヴィクトワール》」記念日としてお祝いするなら、こちらのほうというわけだ。

コンコルド広場での閲兵式がメーンイベントであるパリ祭に対して、休戦記念日ではエトワールの凱旋門広場にある無名戦士の墓への献花がハイライトだ。幸いにも、日本は第一次世界大戦では連合国の主要メンバーだったから、日本大使も胸を張って参列できる。

第一次世界大戦の遺跡としては、ロレーヌ地方ヴェルダンの慰霊施設がある。ドイツ軍は1914年の開戦ののち、普仏戦争のときと同じように電撃作戦で進撃してきたが、フランス軍のペタン将軍はこのヴェルダンを塹壕を掘って死守し、持久戦のなかで勝利に結びつけた。ここでの戦死者は、両軍あわせて14万人。記念館に山積みされた白骨が凄惨な記憶を伝える。

さて、普仏戦争の結果として、ドイツ帝国は考えられる限り最高の地政学的優位を獲得したにもかかわらず、改めて第一次世界大戦を引き起こしたのには、第3代ドイツ皇帝ヴィルヘルム2世という人物の意向が決定的な意味を持った。

彼の母は、英国ヴィクトリア女王の長女ヴィッキー（ヴィクトリアの愛称）である。彼女は皇太子フリードリヒと結婚したが、どうしてもドイツが好きになれなかった。そして、その長男であるヴィルヘルムは、出産時のトラブルで脱臼して生まれたこともあって、母后ヴィッキーはこの子を嫌ってしまったといわれる。

そのためにヴィルヘルムは、母の母国である英国を凌駕する帝国の皇帝たらんとした。軍服などを「おとぎばなし風」のものにするなどコスプレ大好きはご愛敬だが、海軍を強化し、宰相ビスマルクが英仏にお遊びとしてあてがった植民地獲得競争に自らも加わったのである。とくに、オスマン帝国に接近し、3B（ベルリン・ビザンツ・バグダッド）連携を唱え、古都ダマスカスで反十字軍の英雄であるサラディンの墓に詣でて「ドイツ皇帝は全イスラム教徒の友」と演説したことは、英領インドを死守したい英国の虎の尾を踏んだ。

おかげで、英仏は接近できた。戦争ではヴェルダンでの抵抗がドイツ軍の進撃を阻止したものの、英仏両軍の連携の悪さからドイツ軍に隙を作っていたが、ピレネ山脈に近いタルブ出身のフォッシュ将軍が連合国軍総司令官に任命されて愁眉が開かれた。

この人事を決めたのは、76歳にもかかわらずポワンカレ大統領（あの有名な数学者の従兄弟）からの要請で首相に復帰していたクレマンソーだが、彼は「あいつは楽観的だからいい」と任命の理由を説明した。

そして、膠着状態のなかで経済力に劣るドイツは焦り、大西洋で無差別に民間船を撃沈しはじめ、そのことがウィルソン大統領によるアメリカの参戦を引き出した。

ドイツで革命が起きて戦争が終わったとき、当然のことのようにパリが講和会議の場として選ばれた。交渉は、パリの外務省《ケー・ドルセー》やクリヨン・ホテル、あるいはヴェルサイユのトリアノン・パレス・ホテルなどで行われ、条約の調印はヴェルサイユ宮殿鏡の間で行われた（1919年）。

日本の全権代表は、かつてフランスに留学経験のある西園寺公望《さいおんじきんもち》だった。クレマンソー首相は「燃えるような情熱の青年貴族が皮肉屋の老人になっていた」のに少し失望したが、この旧友のために、その国が求めているものの大半を土産として用意してくれた。

ヒトラーへの共感者が世界中にいたという歴史の闇

フランスはアルザスとロレーヌを取り戻し、アフリカ大陸のドイツ領カメルーンやトーゴ、それにオスマン帝国領のシリアとレバノンを獲得し、多額の賠償金を約束させた。アメリカのウィルソン大統領のいう民族自決の理想は素晴らしかったが、それはハプスブルク帝国やオスマン帝国を解体し、ロシア帝国を引き継いだソ連を弱体化させたものの、ドイツ帝国だけはワイマール共和国として存続することを許した。

ビスマルクの夢は一歩後退したけれども、ドイツ三十年戦争に介入したルイ13世時代の宰相リシュリューの亡霊に打ち負かされずにすんだ。しかも、平和の維持装置となるべき国際連盟は発足したが、アメリカはそこに参加しなかった。

ドイツが賠償金を払うのに困難が生じると、首相になっていたポワンカレは、ライン川とルール川下流のルール地方を占領した。だが、それは国際的な非難を浴びたし、勝利に奢《おご》ったフランス人は、安定した政府が断固として行動することより、そのときの気分で政府を取り替えることを優先した。

両大戦間のフランスでは、レオン・ブルムの人民戦線内閣《フロン・ポピュレール》が成立して有給休暇など労働者が人間的な生活をするための諸制度を発明した。たびたび首相や外相を務めたアリスティード・ブリアンが奔走して、パリ不戦条約のような崇高な理想をかたちにしたりもした。

だが、この理想主義は、かえって、独裁者ヒトラーやムッソリーニの台頭に有効に対処することをさまたげる障壁にもなった。ヒトラーがライン左岸の再武装化に踏みきったとき、英国やフランスの「良識派」は、それがドイツの正当な権利の行使であると一定の理解を示してしまったのである。

彼らは、ヒトラーがチェコスロヴァキアの独立を侵すことも「我慢した」。だが、刃がポーランドに向けられたとき、ヒトラーの夢はドイツ第二帝国の再現に留まらず、シャルルマーニュ（カール大帝）の帝国の復活であることが明らかになった。

こうして、フランスと英国は、ポーランドとの条約に基づいてドイツに宣戦布告をした（1939年）。だが、この戦いはフランスの惨めな敗戦に終わった。敗者は自分たちが負けた理由を研究し再び敗れないように準備するが、勝者はそれと同じようにはしなかった。

独ソ不可侵条約の存在で、東部戦線がドイツにとってあまり兵力をさかなくてもよかったこともある。前大戦のドイツ軍占領の苦い経験から、北フランスで大量の難民が出て、彼らがフランス軍の作戦行動を麻痺させたという思わぬ出来事も軽くない。

そして、右派が左派的な国際主義への反感から、ヒトラーやムッソリーニにある種の好感を持っていたことも見逃せない。英国でも国王エドワード8世自身がナチスに好感を持ち、王座を賭けた恋より、それこそが退位の本当の理由だといわれるし、アメリカでも駐英大使だったジョセフ・ケネディ（ケネディ大統領の父）やフーヴァー前大統領などが対独宥和《ゆうわ》論者だった。

対独協力しながらレジスタンスも助けたエディット・ピアフ

北部の防御戦に穴が空き、パリへの道が開かれたとき、政府はパリを放棄し、議会は第一次世界大戦の英雄ペタン元帥を呼んで、講和交渉を始めさせた。フランスは北部の占領地域と南部の自由地域に分けられ、ミネラル・ウォーターで有名な中部の温泉町ヴィシーに「フランス国《エタ・フランセ》」政府が樹立された（西園寺公望は、ヴィシーの水を日本でも愛飲していた）。

この降伏は、日本がポツダム宣言を受諾したのとまったく同じで、法的には瑕疵《かし》のないものだったから、警察も含めて公務員はドイツの占領軍やヴィシー政府に協力した。だが、8月15日の日本と違うのは、フランスは、軍事的にはともかく、外交的には孤立しておらず、巻き返しの可能性があることだった。

第三共和政最後のレノー内閣の戦争・国防担当副閣外相《ス・セクレテール・デタ》だったドゴールは、英国に脱出し、ロンドンで「自由フランス《フランス・リーブル》」を結成して、ＢＢＣラジオを通じて対独抗戦の継続を訴えた。

この動きは当初、孤立したものだった。ところが、１９４１年にドイツがソ連と開戦したことにより、共産党系の勢力が国内におけるレジスタンスに積極的に参加することになった。ヴィシー政府の官僚たちのなかでも、レジスタンスに協力するものが出てきた。文化人でもシャンソン歌手エディット・ピアフは、ドイツ軍人の前で歌う一方、レジスタンスを援助した。

戦後のフランス人は、ごく少数の裏切り者が対独協力していたように言いたがったが、多くのフランス人がふたつの顔を持っていたのが本当のところである。第四共和政司法大臣で第五共和政第４代大統領のミッテランすらのちに対独協力の疑いを持たれたし、ドゴールの警視総監でジスカールデスタンの予算担当相だったパポンは、ボルドーの副知事としてユダヤ人のアウシュビッツ送りに荷担したとして１９９８年になって有罪判決を受け収監されたが、こういうことを日本でも適用すれば、世論は受け入れるのだろうか考えさせられる。

レジスタンスに指導的な役割を占めた最重要人物は、内務官僚で官選知事を務めたが、対独協力を拒否して罷免されていたジャン・ムーランだった。彼はドゴール将軍とロンドンで会談したのち、パラシュートで本土に潜入し、レジスタンス全国評議会（CNR）を結成した。ムーランはのちに裏切りによって逮捕され、拷問のあげくドイツへの移送中に死亡したが、レジスタンスの英雄としていまなお無条件の賛辞に包まれている。

戦時下にあってパリは占領地区に属し、コルテッツ将軍がムーリス・ホテルに司令部を置いて占領していた。連合軍がノルマンディに上陸したのち、ドイツ軍はさほど抵抗せずにパリから退いた。映画『パリは燃えているか』で描かれた緊迫のなかで、パリに火を放てというヒトラーの命令に従わなかったコルテッツ将軍はパリの街を結果的に崩壊から救った。

連合国軍のアイゼンハワー将軍は、ルクレール将軍が指揮する装甲師団がパリの入城一番乗りを担うことを認め、ここにパリは解放された（1944年8月24日）。ドゴール将軍が凱旋門からノートルダム大聖堂まで徒歩で行進したのはその2日後である。

ドゴール将軍の第五共和政は優れもの

ドゴール将軍が創始した第五共和政という直接選挙で選ばれた大統領が巨大な権限を持つ仕組みは、フランスでのみならず世界的にも大きな成功を収めた。すでに1958年に創始されてから半世紀もたっているのに、意外なほどの安定性をもって継続していることもその理由だが、それ以上に、ロシアや韓国など多くの国で模倣されている。

この仕組みの特徴は、大統領が首相を任命する一方で、首相は議会による不信任を受ける可能性があるが、議会の不信任などにある程度の制限が加えられているといったバランスの良さにありそうだ。

フランスが解放されたとき、もっともオーソドックスな政体のあり方は、第三共和政の復活であった。だが、その憲法で選ばれた政府がドイツ軍に無条件降伏し、議会が自らの手で憲法を停止している以上は、それが適切とは思えなかった。

そこで、とりあえずは、ドゴール将軍を首班とする臨時政府が構成され、憲法制定のための議会が選出され、そこで提起された改正案が国民投票にかけられることになった。議会の選挙では、第三共和政の終焉にかかわった議員は被選挙権を失ったので、左派が優勢となった。ドゴールは、大統領の強い権限を望んだが実現せず、ほとんど、第三共和政と同じ制度になった。違いは、憲法にかなり社会主義的な主張が採り入れられ、企業の国有化が行われたことくらいであった。ドゴール首相は抗議し、下野した。

なお、この時期における国立行政学院（ＥＮＡ《エナ》）の設立は、従来、国立の理工科学校《エコール・ポリテクニーク》の卒業生によって占められていた技術官僚と違い、授業料の高い「パリ政治学院《シアンスポ》」という私立学校の卒業生が主体でブルジョワ的といわれてきた事務官僚も、公的に養成することにするという「民主化」の象徴であった。この制度はドゴール側近のドブレ（のちに首相）が考案し、共産党員の担当大臣のもとで実現された。

こうして成立した第四共和政は、植民地の維持のための戦いに翻弄され、ヴェトナム独立戦争での敗北で傷つき、アルジェリア独立運動の前に立ち往生して、政権をドゴールに投げ出した。

ドゴールは、第五共和政憲法を制定して大統領の権限強化に成功し（1958年）、しかも、1962年には強引に国民投票にかけて直接投票での大統領選出を実現した。この、いきなり国民投票にかけるやり方は違憲だったが、憲法評議会は「（違憲だが）国民の意思を覆せない」として、改正は有効とした。ドゴール大統領は、米ソの谷間で、核武装に象徴されるように独自路線を貫いた。もっとも、裏では、アメリカもソ連も別働隊としてのフランスの存在を便利に使っていたのも事実で、そのあたりはドゴール大統領の巧妙さであった。

現代フランス大統領列伝

そのドゴール大統領は、大学紛争に端を発した「五月革命」（1968年）の混乱は乗りきったが、翌年に、憲法改正の国民投票で敗れて静かに引退した。後任は、高等師範学校出身の銀行家だったポンピドゥーであった。農民の子が小学校教師に、その子が大統領に、というフランス革命以来の伝統的パターンでの出世物語体現者だった。この大統領夫妻と親しかったのが、俳優のアラン・ドロン夫妻で、いささか怪しげなスキャンダルがエリゼ宮について語られた。

現役のままポンピドゥー大統領が死んだとき、正統的な後継者は、かつて映画『パリは燃えているか』でアラン・ドロンがその役を演じたレジスタンスの闘士シャバンデルマス元首相だったが、左派的すぎるといわれ、ヴィシー政府高官の息子でドイツのコブレンツ生まれ、理工科学校と国立行政学院の両方を卒業したジスカールデスタン蔵相が当選した（1974年）。

ジスカールデスタン家は、ルイ15世の庶出の子孫を名乗っていたが、いささか怪しかった。だが、夫人は本物のルイ15世の庶出の子孫で、夫妻で開明的貴族を演じた。就任直後、大統領がなぜか午前5時にパリ市内で自動車を運転していて事故を起こし、ゴシップ誌に暴露されたこともある。ジスカールデスタン大統領は、ポンピドゥー元大統領の側近で大統領選挙時に内務大臣としての権限を巧みに利用して助けてくれたシラクを、論功行賞で首相にした。だがシラクは、大統領と権限争いの末に辞職してパリ市長に転じた。7年後の選挙では、そのシラクのサボタージュに助けられて、社会党のミッテランが当選した（1981年）。

ミッテラン大統領は国鉄幹部から実業家になった父を持ち、弁護士となり、レジスタンスに参加し、第四共和政ではいくつもの閣僚を務めた。もともと中道左派だが、支持率低下に悩む社会党が解党的な出直しをしたときに党首として迎えられ、保守との違いを、経済政策より人道、環境、平和などといった価値観に求めたことが成功した。

大統領夫人はレジスタンスの闘士だったダニエル夫人だが、別の女性とのあいだに娘がいることが公然の秘密だった。

ミッテラン大統領のもとでの総選挙で右派が勝利したとき、シラクが首相となり、保革同棲《コアビタシオン》が実現し、大統領が外交・軍事、首相が内政という棲み分けが慣例化した。ミッテランの引退後はシラクが大統領となった（1995年）。曾祖父が農民、祖父が学校の教師、父はダッソー社の役員で、本人は国立行政学院から会計検査院《クール・デ・コント》の官僚となっていた。相撲の愛好家で、大統領現職中も毎年のように非公式に日本を訪れた親日家だったが、日本はそれを活かそうとはしなかった（なぜか日本人は外国の親日派政治家にいつも意地悪だ）。

そして、現在の大統領はニコラ・サルコジ（2007年）。ハンガリーから亡命してきた小貴族の父と、ギリシャ系ユダヤ人にルーツを持つ母を両親とする。弁護士で、抜群の交渉力が売り物である。当選時に夫人だったセシリアは、作曲家アルベニスの曾孫で、モデルなどを経てテレビ司会者の妻だったが、ダブル不倫の末に結婚した。だが、選挙を前にしてニューヨークに恋の逃避行をしたりしたあげく当選後に離婚した。

現在の夫人であるカーラ・ブルーニは、イタリア貴族出身で、モデルや歌手として活躍していた。英国訪問時には際立ったファッション・センスで、「ダイアナ妃の再来」として人気が沸騰した。

こうした第五共和政の大統領列伝だが、その間に、ヨーロッパ統合が大きく進んでいった。その原点は、先にも書いたロレーヌ人（ロートリンゲン人）のロベール・シューマンが創立した欧州石炭鉄鋼共同体（ECSC）で、それが、欧州経済共同体（EEC）、欧州共同体（EC）、欧州連合（EU）と発展してきたが、その基本理念は仏独が二度と戦わないことである。

ドゴールはアデナウアーと定期的な首脳会談を創設し、ジスカールデスタンとシュミットは、先進国首脳会議を創設して首脳外交というものを確立した。ミッテランは、盟友だったコール首相がドイツ統一を欲したときにリシュリュー宰相の遺訓である「ゲルマンの自由の保持」に反してまで、あえて邪魔はしなかったし、その信頼を基本に、マーストリヒト会議で欧州連合と統一通貨「ユーロ」の基礎ができた。

EC委員長としてその実現の主役になったのは、かつてシャバンデルマスの側近で、ミッテランの財務大臣だったジャック・ドロールだった。現在、世界の主要な国際機関の長のうちでも、国際通貨基金（IMF）の専務理事は社会党の元財務大臣ストロスカーン、世界貿易機関（WTO）の事務局長はドロールの補佐官だったラミー、そして、欧州中央銀行（ECB）総裁はフランス財務省のエースであるトリシェであることは、フランス外交の伝統が、グローバリゼーションのなかでも大きな意味を持っていることを証明している。日産自動車とルノーのCEOカルロス・ゴーンは、ナポレオンが創設した国防省理工科学校《エコール・ポリテクニーク》の出身だ。

こうして、シャルルマーニュ（カール大帝）によって打ち立てられたヨーロッパは、1200年の紆余曲折を得て、フランス革命と皇帝ナポレオン1世の理想に近いかたちで完成しつつある。だが、それはいうまでもなく、フランスそのものではない。壮大な夢が実現していくなかで失われていくものも少なくないことに一抹の悲しさもあるのは、フランス人にとっても、世界のフランスを愛する人々にとっても同様であろう。

コラム⑪ 大統領・首相一覧

大統領	首相
臨時政府 1870～1871	1870：ルイ・ジュール・トロシュ
アドルフ・チエール 1871～1873	1871：ジュール・デュフォール
パトリス・マクマオン 1873～1879	1873：アルベール・ド・ブロイ 1874：エルネスト・クルトー・ド・シセ 1875：ルイ・ビュフェ 1876：デュフォール、ジュール・シモン 1877：ブロイ、ガエタン・ド・ロシュブエ、デュフォール
ジュール・グレヴィ 1879～1887	1879：ウィリアム・アンリ・ワディントン、シャルル・ド・フレシネ 1880：ジュール・フェリー 1881：レオン・ガンベッタ 1882：フレシネ、シャルル・デュクレール 1883：アルマン・ファリエール 、フェリー 1885：アンリ・ブリッソン 1886：フレシネ、ルネ・ゴブレ 1887：モーリス・ルヴィエ
サディ・カルノー 1887～1894	1887：ピエール・ティラール 1888：シャルル・フロケ 1889：ティラール 1890：フレシネ 1892：エミール・ルベ、アレクサンドル・リボ 1893：シャルル・デュピュイ、ジャン・カジミール・ペリエ 1894：デュピュイ
ジャン・カジミール・ペリエ 1894～1895	1894：デュピュイ
フェリックス・フォール 1895～1899	1895：リボ、レオン・ブルジョワ 1896：ジュール・メリーヌ 1898：ブリッソン、デュピュイ
エミール・ルーベ 1899～1906	1898：デュピュイ 1899：ピエール・ワルデック・ルソー 1902：エミール・コンブ 1905：ルヴィエ
アルマン・ファリエール 1906～1913	1905：ルヴィエ 1906：フェルディナン・サリアン、ジョルジュ・クレマンソー 1909：アリスティード・ブリアン 1911：エルネスト・モニ、ジョゼフ・カイヨー 1912：レーモン・ポワンカレ 1913：ブリアン
レーモン・ポワンカレ 1913～1920	1913：ブリアン、ルイ・バルトゥー、ガストン・ドゥーメルグ 1914：リボ、ルネ・ヴィヴィアニ 1915：ブリアン 1917：リボ、ポール・パンルヴェ 、クレマンソー 1920：アレクサンドル・ミルラン
ポール・デシャネル 1920	1920：ミルラン
アレクサンドル・ミルラン 1920～1924	1920：ジョルジュ・レーグ 1921：ブリアン 1922：ポワンカレ 1924：フレデリック・フランソワ・マルサル
ガストン・ドゥーメルグ 1924～1931	1924：エドゥアール・エリオ 1925：パンルヴェ、ブリアン 1926：エリオ、ポワンカレ 1929：ブリアン、アンドレ・タルデュー 1930：カミーユ・ショータン、タルデュー、テオドル・ステーグ 1931：ピエール・ラヴァル

大統領	首相
ポール・ドゥーメル 1931 ～ 1932	1931：ラヴァル 1932：タルデュー
アルベール・ルブラン 1932 ～ 1940	1932：エリオ、ジョセフ・ポール・ボンクール 1933：エドゥアール・ダラディエ、アルベール・サロー 、ショータン 1934：ダラディエ、ドゥーメルグ、ピエール・エチエンヌ・フランダン 1935：フェルナン・ブイッソン、ラヴァル 1936：サロー、レオン・ブルム 1937：ショータン 1938：ブルム、ダラディエ 1940：ポール・レノー 、フィリップ・ペタン
フィリップ・ペタン 1940 ～ 1944	1940 ペタンが首相を兼任（副首相：1940：ラヴァル、フランダン 1941：フランソワ・ダルラン） 1942：ラヴァル
臨時政府 1944 ～ 1946	1944：シャルル・ドゴール 1946：フェリックス・グーアン、ジョルジュ・ビドー 、ブルム
ヴァンサン・オリオール 1947 ～ 1954	1947：ポール・ラマディエ、ロベール・シューマン 1948：アンドレ・マリー、シューマン、アンリ・クイユ 1949：ビドー 1950：クイユ、ルネ・プレヴァン 1951：クイユ、プレヴァン 1952: エドガール・フォール 、アントワーヌ・ピネー 1953：ルネ・マイエール、ジョゼフ・ラニエル
ルネ・コティ 1954 ～ 1959	1954:ラニエル、ピエール・マンデス・フランス 1955:フォール 1956：ギー・モレ 1957：モーリス・ブルジェ・モーヌリ、フェリックス・ガイヤール 1958：ピエール・フリムラン、ドゴール
シャルル・ドゴール 1959 ～ 1969	1959：ミシェル・ドブレ 1962：ジョルジュ・ポンピドゥー 1968：モーリス・クーヴ・ド・ミュルヴィル
ジョルジュ・ポンピドゥー 1969 ～ 1974	1969：ジャック・シャバン・デルマ 1972：ピエール・メスメル
ヴァレリー・ジスカールデスタン 1974 ～ 1981	1974：ジャック・シラク 1976：レーモン・バール
フランソワ・ミッテラン 1981 ～ 1995	1981：ピエール・モーロワ 1984：ローラン・ファビウス 1986：シラク 1988：ミシェル・ロカール 1991：エディット・クレッソン 1992：ピエール・ベレゴヴォワ 1993：エドゥアール・バラデュール
ジャック・シラク 1995 ～ 2007	1995：アラン・ジュペ 1997：リオネル・ジョスパン 2002：ジャン・ピエール・ラファラン 2005：ドミニク・ガルゾー・ド・ヴィルパン
ニコラ・サルコジ 2007 ～	2007：フランソワ・フィヨン

首相については、第四共和政などでは、閣議を主宰したのでプレジダン・デュ・コンセイユ・ミニストゥル（内閣総理大臣の意味で閣僚評議会議長は誤訳）といわれたが、第五共和政では大統領が閣議を主宰するのでこの名は使われない。

コラム⑫

フランスの植民地（1939年）

英国と違い、フランスは本土（しばしば、エグザゴンという。六角形の意味）が広く豊かであったことから、海外への移民はあまり多くない。カナダやルイジアナなどの植民地が維持できなかったのは主として、これが原因である。フランス人と先住民が手を組んで、英国人と戦ったこともある。だが、北アフリカのアルジェリアには多くのフランス人が移住した。このために、独立を容易に認めるわけにはいかず、厳しい独立戦争に直面した。

アフリカの植民地については当初、フランス連合内で独立させる方向を模索したが、1960年に、ほぼいっせいに完全独立させた。ただ、共通通貨やフランス語、防衛協力という絆で、影響力が維持されている。

英国の植民地政策は、「分割統治」という言葉で知られるように、現地の言葉や習慣をそのままにする傾向があるが、フランスは言葉も習慣もフランス化しようとした。その帰結として、いまでも英国の海外領土住民は参政権を与えられないが、フランスの場合は大統領選挙に参加でき、代議士を送れるのであって、植民地というべきではなく、タヒチがフランスであるのは、ハワイがアメリカであるのと同じことだ。

ちなみに、独立前にもアフリカ系の大臣もいたし、多くのアルジェリア人が独立後にフランスの公務員として本土に迎えられた。

Atlas historique de la France（1985 Plon）を主たる参考に

エピローグ

21世紀になっても王政復古を狙うプリンスたち

三色旗を拒否して王になり損なったシャンボール伯爵

ヨーロッパ各国では王たちが王座から追われたり、貴族がその特権を剝奪されたあとも、引きつづき先祖伝来の称号を名乗ったり、潜在的な王位継承者であることを誇っている。

彼らが、セレブの世界でのスターであることはいうまでもないが、それだけでなく、どこの国でも王政復古論者がいる。

フランスでも、3つのファミリーが国王や皇帝であると称している。アンリ7世と、ルイ20世、ナポレオン7世である。

このうちボナパルト家のナポレオン7世を別にして、ブルボン家になぜふたりの王位請求者がいるのかというと、18世紀のスペイン継承戦争のあとのユトレヒト条約の解釈をめぐる争いと、19世紀の七月革命の是非についての論争に遡るのである。

フランスでは、七月革命（1830年）によってブルボン本家のシャルル10世が追放され、ルイ14世の弟オルレアン公の子孫であるルイ・フィリップが「フランス国民の王」となった。ところが、二月革命（1848年）でそれも追放され、やがて第二共和政となった。

普仏戦争で皇帝ナポレオン3世が失脚したのち行われた総選挙で選ばれた議会では、王政復古派が多数を占めた。このときに、ブルボン家かオルレアン家かという問題があったが、ブルボン家のシャンボール伯アンリに子供がなかったので、まず、ブルボン本家、そのあとオルレアン家ということで話し合いはついた。

このアンリは、シャルル10世の次男ベリー公フェルディナンが暗殺されたのちに生まれたので「奇跡の子」と呼ばれていた。シャルル10世の長男は、ルイ16世とマリ・アントワネットの娘マリ・テレーズと結婚していたアングレーム公ルイだったが国民に不人気だった。そこで七月革命の混乱のなか、祖父シャルル10世の指名でシャンボール伯アンリが即位しようとしたが果たせず、亡命生活を送っていたのである。

このときの大統領は王党派のマクマオンであり、彼はアンリを即位させるつもりだったのだが、この計画は思わぬ難問に突き当たった。アンリがどうしても「三色旗」を国旗として受け入れなかったのである。たったこのことだけで、「アンリ5世」は幻に終わり、人々は、ブルボン朝の祖アンリ4世の大胆さとの対比を笑った。

もっとも、この拒絶には妻のマリ・テレーズ（モデナ公の娘）が、社交的でなく、容姿も優れず耳も遠かったので、王妃となることに積極的でなかったことも理由といわれる。シャンボール伯は、その妹のマリ・ベアトリスに惹かれていたが、彼女が、のちにフランス王位請求者ともなるスペイン王国のモンティソン伯ファンと結婚したので、仕方なく姉と結婚したとされる。

そのシャンボール伯は1883年にオーストリアで亡くなり、その墓は現在スロヴェニア領となっているアドリア海に面した町ゴリツィアにある。

こうしてブルボン本家は断絶してしまったので、正統王党派《レジティミスト》の多くもオルレアン派に合流して、二月革命より前に父が亡くなっていたことで祖父ルイ・フィリップ王の王太子だったことがあるパリ伯フィリップが王位請求者《プレタンダン》となってフィリップ7世（1883～1894年＝王位請求期間。以下同じ）を名乗った。パリ伯というのは、いうまでもなくカペー家の先祖の称号である。

その子供は、英国で生まれてシチリアで死んだオルレアン公で、「フィリップ8世」（1894～1926年）と呼ばれた。だが、男子がなかったので従兄弟のギーズ公がジャン3世（1926～1940年）として跡を継いだ。

第二次世界大戦中には、フランス生まれで「アンリ6世」（1940～1999年）と呼ばれたパリ伯アンリがフランス外人部隊に入隊して戦った。アンリ6世は長男の離婚などを怒って継承権を剝奪するとして争ったりしたが、のちに勘当を解いて、現在の当主であるパリ伯とフランス公を兼ねるアンリ7世が継いだ（1999年）。

その子供がクレルモン伯フランソワ（1961年生まれ）であるが、彼はその母方祖母からシャルル10世の血も受け継いでいる。だが、その継承をめぐっては微妙な問題がある。とりあえずは、彼が継承者になることになっているが、弟のヴァンドーム公ジャンに期待が集まっている。

スペイン王家がフランス王位を狙う根拠

もうひとりのルイ20世は、スペイン王家の一員であり、独裁者フランコ総統の曽孫である。ただし、スペインでは19世紀のイサベル2世、いまの国王であるファン・カルロス王の即位をめぐって争いがあり、ことは複雑である。

ルイ14世が孫をスペイン王フェリペ5世として送り込むことを各国が認めたユトレヒト条約では、フェリペとその子孫がフランスの王位請求権を放棄することが定められていた。だが、当時から王位についての継承権を条約で縛れるのかという議論があった。

ただ、シャンボール伯「幻のアンリ5世」が存命しているときは、それに優先する権利を主張しようがなかったのであるが、そのアンリの死亡後は、もしユトレヒト条約に従えば、パリ伯フィリップだが、そうでなければ、スペイン王家に継承権が移ることになってしまった。

だが、そのころ、スペイン王家ではフェリペ5世の曾孫である嫡男フェルナンド7世に男子がなく、次弟のモリナ伯カルロスが継承すべきところを法を変更し、強引にフェルナンド7世の娘のイサベル（2世）と、末弟の子であるフランシスコ（1世）を結婚させて、両人を共同で王とした。

これに反対して「カルリスタ」と呼ばれる人たちが、モリナ伯をカルロス5世として担いだ。シャンボール伯アンリの死亡ののち、フランス王位を要求することになったモンティソン伯フアン（ジャン3世）は、モリナ伯の次男である。モンティソン伯は兄の死後スペイン王位請求者だったこともあるが、自ら自由主義的すぎるとして息子にその地位を譲った。しかしフランス王位については、夫人の姉であるシャンボール伯夫人の要請もあり、受け継ぐことを引き受けた。

この地位は、息子であるマドリード公（スペインではカルロス7世、フランスではシャルル11世、1887〜1909年）に引き継がれた。その子のマドリード公兼アンジュー公（ハイメ3世、ジャック1世）は、ロシア陸軍に入り、日露戦争にも参加した。このハイメには子がなかったので、叔父でモンティソン伯の次男であるサン・ハイメ公（アルフォンソ・カルロス1世、シャルル12世、1931〜1936年）が引き継いだが、これも男子を遺さなかった。

そこで、スペインでは、イサベル2世とフランシスコ1世の孫であるアルフォンソ13世が、男系でいっても正統な後継者ということになった。ただし、フランシスコ1世が同性愛者だったことから本当に彼の血を引いているかどうかは疑問だったので、スペインの王位継承戦争（カルリスタ）はほかの王族を担いだ者もいて分裂したが、アルフォンソ13世はフランス王としてはアルフォンス1世として引きつづき王位請求者と正統王党派から認められた（1936～1941年）。

スペインは、アルフォンソ13世のときに共和政となったが、その家督の継承は、子供たちに病気の者が多く混乱した。次男セゴビア公兼アンジュー公ハイメ（1941～1975年）はいったん廃嫡されたが、のちにまた王位を要求し、家督を継いでいた弟のバルセロナ伯ドン・ファンと対立した。フランコ総統は自分の死後の王政復古を約束しつつ、このふたりの王位請求者を互いに牽制させあったが、フランス王位継承についてはバルセロナ伯は参加せず、セゴビア公ハイメがアンリ6世として要求を続けた。

フランコ総統は結局、バルセロナ伯の子であるファン・カルロスを王座（現国王）に就けることにしたが、一方で、ハイメの子であるカディス公兼アンジュー公アルフォンソ（フランス王アルフォンス2世）を、自身の孫娘と結婚させせた。

だが、このアルフォンソは、1989年にアメリカのコロラド州ビーヴァー・クリークでスキー事故に遭って死んだ。そこで、アルフォンソとフランコ総統の孫娘の子であるルイス・アルフォンソが、フランス王位請求者ルイ20世を名乗っている。

このプリンスが自称している称号は、フランス王、ナヴァル王、イェルサレム王、アンジュー公、ブルゴーニュ公、ボルボン（ブルボン）公、トゥーレーヌ公などらしい。中世からの「おとぎばなし」は、なお生きているのである（ただし、フランス国内の王位請求者アンリ7世が甥に「アンジュー公」の称号を与えたので混乱が続いている）。

ボナパルト家よりブルボン家が人気のある理由

ボナパルト家のほうでは、皇帝ナポレオン3世とウジェニー皇妃のひとり息子だったウジェーヌ（ナポレオン4世）が、亡命していた英国で軍隊に入ったが、若くして、南アフリカでズールー人との戦闘中、投げ槍で惨殺された。

そのため、ナポレオン帝室の想定継承者は、ナポレオン1世の末弟ジェローームの子孫ということになっている。ジェロームの子であるジョゼフは、ナポレオン3世に長く男子がいなかったので皇位継承者だった時代があり、「プロン・プロン」というあだ名で呼ばれていた。

ウジェーヌの死後に後継者とされたのは、ジョゼフの子のヴィクトール（ナポレオン5世、彼の母方の祖父はイタリアを統一したヴィットーリオ・エマヌエーレ2世だった）だが、フランス政府から1886年に追放され、ベルギー王国へ移住しなくてはならなかった。彼の妻はベルギー国王レオポルド2世の王女クレマンティーヌだったが、その母后が鬱病で公務ができなかったので、ベルギー王妃の仕事を代行していた。

そのふたりの子のルイ（ナポレオン6世、1926〜1997年）は、レジスタンスに参加したことから幅広い尊敬を集め、その葬儀はナポレオン1世の墓があるパリの廃兵院《アンヴァリッド》で行われた。

彼は、遺言で後継者を、息子のシャルルが両シチリア・ブルボン家のベアトリーチェと離婚し、コルシカ島出身で離婚歴のある女性と結婚したことを理由に、孫のジャン・クリストフに譲るとした。だが、当時幼少だったこともあって、父シャルルがナポレオン7世を名乗っており、現在でもどちらが当主なのかはやや曖昧である。

シャルルはコルシカ島のアジャクシオの副市長を務めていたこともある。息子ジャン・クリストフは1986年生まれで、名門HEC（高等商業学校）を卒業しているが、ボナパルト家とブルボン家の両方の血を引くプリンスということで注目されている。

ナポレオン家の末裔のなかでの有名人に、ギリシャ王子で英国のエジンバラ公の叔父であるゲオルギスの夫人で、心理学者フロイトの弟子にして支援者だったマリ・ボナパルトがいる。ナポレオン1世の弟で霧月《ブリュメール》のクーデターで活躍したリュシアン・ボナパルトの曾孫である。

フランスの貴族は人口の1パーセント足らずだから、日本の華族（数百家族だけ）のような希少性はない。爵位を持たないほうが多く、爵位を持つ貴族はやはり貴重な存在である。

ただ、日本の華族も、公家、大名、明治維新以来の功労者に出自が分かれているように、フランスでもナポレオンのときなどに大量の新貴族が生まれている。だが、社交界では中世以来の爵位と同格のものとは見なされないようだ。ブルボン家の当主が名乗るのが「パリ伯爵《コント・ド・パリ》」であることはその象徴だ。

君主制とか貴族制などというのは、長い歴史の積み重ねによって、正統性を獲得していかないと値打ちが出ないのである。

皇帝や国王の地位を要求している3人のなかで、スペイン人であるルイ20世はともかく、ナポレオン7世よりアンリ7世のほうがなにかと注目されるのが常である。それは、たとえフランス革命を経験しているにせよ、英仏百年戦争でジャンヌ・ダルクが守った原則を頑なに守っているブルボン家こそが、国家の独立と正統性の象徴としてふさわしいとみなされているからである。

もちろん、いまさら、フランスが旧王家やナポレオンの末裔の助けを必要とする可能性などほとんどないだろうが、ヨーロッパでは、スペインのようにフランコ独裁政権が終わったあと戦前のアルフォンソ13世の孫であるファン・カルロスが本当に国王として復活したところもあるし、ブルガリア共和国ではなんと元国王シメオン2世が民主的な選挙を通じて首相に選ばれた。東西冷戦が終わってハンガリーが自由化されたときには、オットー・フォン・ハプスブルク（正式にはハプスブルク・ロートリンゲンが姓。また、オーストリアの法律ではフランス語の「ド」に当たる貴族の称号である「フォン」を姓として使うことは否認されている）を大統領にという声があったし、ロシア連邦ではロマノフ家の復権が著しい。

国家のアイデンティティーが問われるような場面では、なお、統合の拠り所として王家の出番がありうるのである。また、それは、日本も含めて世襲君主が維持されている国における制度の存在理由であるとともに、正統性を揺るぎないものとして維持する制度運営や、皇族・王族の不断の努力なしには、存在価値がなくなるという教訓でもあろう。

コラム⑬ 地方区分❷ 現代フランスの州と県

1.アン（ブール・カン・ブレス）/2.エーヌ（ラン）/3.アリエ（ムーラン）/4.アルプ・ド・オート・プロヴァンス（ディーニュ・レ・バン）/5.オート・ザルプ（ギャップ）/6.アルプ・マリチム（ニース）/7.アルデーシュ（プリヴァ）/8.アルデンヌ（シャルルヴィル・メジエール）/9.アリエージュ（フォワ）/10.オーブ（トロワ）/11.オード（カルカソンヌ）/12.アヴェロン（ロデズ）/13.ブッシュ・デュ・ローヌ（マルセイユ）/14.カルヴァドス（カン）/15.カンタル（オーリヤック）/16.シャラント（アングレーム）/17.シャラント・マリチム（ラ・ロシェル）/18.シェール（ブールジュ）/19.コレーズ（チュール）/2A.コルス・デュ・スュッド（アジャクシオ）/2B.オート・コルス（バスチア）/21.コート・ドール（ディジョン）/22.コート・ダルモール（サン・ブリユー）/23.クルーズ（ゲレ）/24.ドルドーニュ（ペリグー）/25.ドゥ（ブザンソン）/26.ドローム（ヴァランス）/27.ウール（エヴルー）/28.ウール・エ・ロワール（シャルトル）/29.フィニステール（カンペル）/30.ガール（ニーム）/31.オート・ガロンヌ（トゥールーズ）/32.ジェール（オーシュ）/33.ジロンド（ボルドー）/34.エロー（モンペリエ）/35.イル・エ・ヴィレーヌ（レンヌ）/36.アンドル（シャトールー）/37.アンドル・エ・ロワール（トゥール）/38.イゼール（グルノーブル）/39.ジュラ（ロン・ル・ソーニエ）/40.ランド（モン・ド・マルサン）/41.ロワール・エ・シェール（ブロワ）/42.ロワール（サン・テチエンヌ）/43.オート・ロワール（ル・ピュイ・アン・ヴレ）/44.ロワール・アトランチック（ナント）/45.ロワレ（オルレアン）/46.ロート（カオル）/47.ロート・エ・ガロンヌ（アジャン）/48.ロゼール（マンド）/49.メーヌ・エ・ロワール（アンジェ）/50.マンシュ（サン・ロ）/51.マルヌ（シャロン・アン・シャンパーニュ）/52.オート・マルヌ（ショーモン）/53.マイエンヌ（ラヴァル）/54.ムルト・エ・モゼル（ナンシー）/55.ムーズ（バル・ル・デュック）/56.モルビアン（ヴァンヌ）/57.モゼル（メッス）/58.ニエーヴル（ヌヴェール）/59.ノール（リール）/60.オワーズ（ボーヴェ）/61.オルヌ（アランソン）/62.パ・ド・カレ（アラス）/63.ピュイ・ド・ドーム（クレルモン・フェラン）/64.ピレネ・アトランチック（ポー）/65.オート・ピレネ（タルブ）/66.ピレネ・ゾリアンタル（ペルピニャン）/67.バ・ラン（ストラスブール）/68.オー・ラン（コルマール）/69.ローヌ（リヨン）/70.オート・ソーヌ（ヴズー）/71.ソーヌ・エ・ロワール（マコン）/72.サルト（ル・マン）/73.サヴォワ（シャンベリ）/74.オート・サヴォワ（アヌシー）/75.パリ（パリ）/76.セーヌ・マリチム（ルーアン）/77.セーヌ・エ・マルヌ（ムラン）/78.イヴリーヌ（ヴェルサイユ）/79.ドゥー・セーヴル（ニオール）/80.ソンム（アミアン）/81.タルン（アルビ）/82.タルン・エ・ガロンヌ（モントーバン）/83.ヴァール（トゥーロン）/84.ヴォクリューズ（アヴィニョン）/85.ヴァンデ（ラ・ロッシュ・シュル・ヨン）/86.ヴィエンヌ（ポワチエ）/87.オート・ヴィエンヌ（リモージュ）/88.ヴォージュ（エピナル）/89.ヨンヌ（オーセール）/90.テリトワール・ド・ベルフォール（ベルフォール）/91.エソンヌ（エヴリー）/92.オー・ド・セーヌ（ナンテール）/93.セーヌ・サン・ドニ（ボビニー）/94.ヴァル・ド・マルヌ（クレテイユ）/95.ヴァル・ドワーズ（ポントワーズ）

＊旧セーヌ=75+92+93+94, 旧セーヌ・エ・オワーズ=78+91+95, 旧コルス=2A+2B

（　）は県庁所在地。

主要参考文献

アンドレ・モロワ『フランス史　上下』新潮文庫（平岡昇、中村真一郎、山上正太郎訳）及びフランス語原書
ピエール・ガクソット『フランス人の歴史　1〜3』みすず書房（内海利朗、林田遼右、下野義朗訳）
ロジャー・プライス『フランスの歴史』創土社（河野肇訳）
柴田三千雄他編『世界歴史大系　フランス史　1〜3』山川出版社
福井憲彦編『新版　世界各国史　フランス史』山川出版社
谷川稔、渡辺和行編著『近代フランスの歴史　国民国家形成の彼方に』ミネルヴァ書房
テレーズ・シャルマソン『フランス中世史年表　四八一〜一五一五年』文庫クセジュ（福本直之訳）
レジーヌ・ル・ジャン『メロヴィング朝』文庫クセジュ（加納修訳）
オーギュスタン・ティエリ『メロヴィング王朝史話　上下』岩波文庫（小島輝正訳）
下津清太郎『ブルボン家』近藤出版社
ブラントーム『艶婦伝　上下』新潮文庫（小西茂也訳）
ギー・ブルトン『フランスの歴史をつくった女たち　1〜10』中央公論社（曽村保信他訳）及びフランス語原書
フランソワ・トレモリエール、カトリーヌ・リシ編『ラルース　図説世界史人物百科　Ⅰ〜Ⅳ』原書房（樺山紘一監修）
アンドレ・モロワ『英国史　上下』新潮文庫（水野成夫・小林正訳）
八幡和郎『お世継ぎ』平凡社及び文春文庫
八幡和郎『アメリカもアジアも欧州に敵わない』祥伝社新書
八幡和郎『フランス式エリート育成法』中公新書

Les rois de France, E/P/A
Maurice Griffe, *Les souverains de France: Tableau généalogique et dynastique*
Maurice Griffe, *Chronologie de Paris*, T.S.H.
Jiří Louda et Michael Maclagan, *Les dynasties d'Europe*, Bordas

＊その他、各種事典、年表等を参考にしたが、とくに固有名詞の表記については、上記参考文献のうち『新版　世界各国史　フランス史』（山川出版社）に従った。このため、一般的には「ティ」と表記しているものが「チ」となり、また音引きをあまり使わないため、たとえば、「マリー」は「マリ」になっている。フランク王国時代の人名も現代フランス語ではなく当時の呼び名に近いものになっている。また、引用文に関しては、筆者の判断により、新たに翻訳するなどして訳書の表現に従わなかった箇所が一部にあることをお断りしておきたい。
＊なお、歴代王については、30ページにも書いたように、メロヴィング朝では、統一王朝不在時、ネウストリア王の系譜を掲げたが、これらを歴代王に数えないことも多いこと、この時代の王の在位年については異説も多いことを断っておく。また、中世には、前王の在世中に後継者の聖別を行い共同統治としたことがあるが、新王の在位期間は、前王の死亡時からで示している。王の家族の欄で王妃については、アンヌ・ド・キエフなどとフランス語で旧姓を表示した。本文は出身国語名になっている場合もあるので表記が一致しないこともある。

編集協力　コーエン企画／本文図版・DTP作成　アミークス

八幡和郎（やわた　かずお）

一九五一年滋賀県大津市生まれ。東京大学法学部を卒業後、通商産業省（現経済産業省）に入省。フランスの国立行政学院（ENA）留学。パリ・ジェトロ産業調査員、大臣官房情報管理課長などをつとめたのち退官し、徳島文理大学大学院教授。テレビ出演や評論・著作活動を行う。『アメリカもアジアも欧州に敵わない』『アメリカ歴代大統領の通信簿』『フランス式エリート育成法』などの著作のほか、フランスの政治・教育・社会システムについての論文やエッセイ多数。

愛《あい》と欲望《よくぼう》のフランス王《おう》列《れつ》伝《でん》

集英社新書〇五七三D

二〇一〇年一二月二二日　第一刷発行

著者……八《や》幡《わた》和《かず》郎《お》

発行者……館　孝太郎

発行所……株式会社集英社

東京都千代田区一ツ橋二-五-一〇　郵便番号一〇一-八〇五〇

電話　〇三-三二三〇-六三九一（編集部）
〇三-三二三〇-六三九三（販売部）
〇三-三二三〇-六〇八〇（読者係）

装幀……原　研哉

印刷所……凸版印刷株式会社

製本所……加藤製本株式会社

定価はカバーに表示してあります。

ISBN 978-4-08-720573-2 C0222

Printed in Japan

a pilot of wisdom

電線一本で世界を救う
山下 博　0560-G
自作の電線を自動車の内部配線に応用することを開発した著者。自然環境保全への可能性にも言及する。

必生《ひっせい》 闘う仏教
佐々井秀嶺　0561-C
インドで復興しつつある仏教。その指導者は日本人僧侶だった！ 波瀾万丈の半生と菩薩道を語り下ろす。

外国語の壁は理系思考で壊す
杉本大一郎　0562-E
日本を代表する宇宙物理学者が新しく提唱する、「理系のアプローチ」による画期的な外国語の修得法。

食卓は学校である
玉村豊男　0563-H
日本人が食事にかける時間は圧倒的に短い！ 著者のライフワークである「食」の大切さを振り返る一冊。

美術館をめぐる対話
西沢立衛　0564-F
金沢21世紀美術館設計の著者が青木淳、平野啓一郎、南條史生、オラファー・エリアソン、妹島和世と対談。

上手な逝き方
嵐山光三郎／大村英昭　0565-C
年をとることが恐ろしい時代に考える、上手に生きて、逝くための死後のイメージトレーニングのすすめ。

韓国人の作法
金栄勲　金順姫訳　0566-C
韓国人は、なぜ誕生日にワカメのスープを飲むのか？ 文化やメンタリティに関する64の意外な常識を解説。

教えない教え
権藤 博　0567-B
「無理せず、急がず、はみださず」。監督、コーチとして多くの才能を引き出した権藤流の人材開花術を伝授。

超マクロ展望 世界経済の真実
水野和夫／萱野稔人　0568-A
第一級のエコノミストと哲学者が、経済学者には見えない世界経済の本質を読みとく意欲的な対論。

携帯電磁波の人体影響
矢部 武　0569-B
世界各国で、携帯電話の健康被害を懸念する声が高まっている。日本ではあまり知られていない実情を探る。